我慢しない、侮らせない
ビジネスパーソンの処世術

戦略としてのずるいマナー

マナースクール「EMI SUNAI」代表 諏内えみ

かんき出版

ずるーい【狡い】

自分の利益を得るために、要領よくふるまうさま。また、そういう性質であるさま。悪賢い。こすい。

マナー【manner】

人と人との関わりの中でその場面でしかるべきとされる
行儀・作法のこと。礼儀作法。

ずるいマナー

これを使う側と、使われる側の双方が気持ちよく過ごすための、戦略的な立ち居振る舞いのこと。賢く立ち回ることで自身が我慢しない、不利益を被らないといった利点を得る。さらに気遣いの側面によって相手にも喜ばれ、人間関係が良好になる効果が生まれる。

はじめに

本書をお手に取っていただきありがとうございます。〈マナースクールEMI SUNAI〉代表の諏内えみと申します。

私は〝マナー講師〟としてスクールでの講座を始め、講演やセミナー、テレビ・雑誌などのメディアで、マナー・作法をレクチャーしております。また、みなさんが「得をする」ための立ち居振る舞いや所作、会話術、社交術もお伝えしております。

さて、タイトルの「ずるい」という言葉。みなさんはどのようなイメージをお持ちでしょうか。

騙す、出し抜く、ごまかすなど、ネガティブな印象を持たれる方も少なくないでしょう。

では、その定義とは？

「自分の利益を得るために、要領よくふるまうさま。悪賢い。こすい。ごまかしてうまく立ち回ること。結果、相手や周囲から、要領のよさを妬む、恨む気持ちを持たれる」

一方で、「その反面、感心されることもある」とも！

自分の利益だけ追求する〝あざとい〟手法ではなく、この「感心される」というポジティブな側面こそが、私が提案する「ずるいマナー」なのです。

本書でご紹介するのは、相手を心地よくできるのはもちろん、あなた自身も「得をする」魔法のツールです！

「マナー」といえば、みなさんはこれまで、何の疑いもなくお決まりのふるまいやセリフを守ることで、人間関係においてよい結果が得られると信じてこられたかもしれません。当然、大多数のマナー本でも形式、常識を重んじた常套句や所作を謳《うた》っています。

しかし残念なことに、それらのマナーを遵守しても、結果、「期待外れだった」と多くの生徒さんから訴えられるのです。

もちろん、マナーの基本である思いやりの精神や奉仕の心は美しく大切なもの。ところが、現実は教科書通りの話し方やふるまい方だけを身につければ十分とは言えないのです。

あなたは「これがマナーだから……」と我慢ばかりしていませんか？　基本通りの対応をしたにもかかわらず、相手の反応が思わしくなく戸惑ってしまった経験はありませんか？

私はそのような方にこそ、自己犠牲というネガティブな思いなどせず、双方が納得でき、心地よくなれるノウハウをお届けしたいと思い本書を執筆いたしました。

これまでの常識だけに焦点を当てた手法はほかのマナー本にお任せすることにいた

しましょう。

自身と相手、双方のメリットの「相乗効果」を狙った、まったく新しいアプローチこそが「ずるいマナー」の真髄です。


私は「ずるいマナー」を、誰でもすぐに実践できる「型」としてお伝えします。

あなたが「型」を模倣なさるだけで、ビジネスシーンをはじめ、日常のプライベートシーンでも「ピンチをチャンスに」変えることが叶い、今まで悩んでいた人間関係が嘘のようにスッキリ解決するでしょう。

きっと、どんな場所でも心地よく過ごせるようになるはずです。


これまでなかなかうまくいかなかった上司や同僚、取引先、クライアントとのコミュニケーションが好転し、「この方が担当でよかった」「心遣いに助けられた」「また一緒に仕事をしたい」と感じさせることができます。

あなたの悩みやストレスが消え、精神衛生上とても楽になることでしょう。

実際に多くの生徒さんたちにお伝えすると、「今まであんなに困っていたのに、断ることがこんなに簡単だったとは！」「先生から教わったセリフをそのままクライアントへ言ってみたら、驚くほど好意的に接してくれるようになりました」など、よい反応がすぐに返ってきました。

もちろんプライベートシーンでも、「もっと近い存在になりたい」「さすが！」「また会いたい」と、どなたからも一目置かれ、愛される存在になれます。

「人づき合いがすごく楽になりました」「友人とのモヤモヤがなくなりとてもいい関係になったんです」という嬉しいお声もたくさん届いています。

それではいよいよ、具体的な方法と、【相手も納得するワケ】【相手が喜ぶワケ】を解説してまいります。

主にビジネスシーンを想定して、51の項目で使える戦略をご紹介します。

あなたはただ「型」を実践するだけです。すると、相手の反応が見事に好転するという実感を驚くほど簡単に手に入れられるでしょう！
それらは、あなたに新たな自信と、成功への確信をもたらす瞬間となるはずです。

第2章 トラブルを切り抜けるずるい「対応」

第3章 相手との関係を良好にするずるい「立ち回り」

第4章 さりげなく好感度を上げるずるい「ふるまい」

第5章

基本を賢く使いこなすずるい「マナー」

ブックデザイン 山之口正和＋齋藤友貴（OKIKATA）
イラスト michi
DTP 野中賢＋安田浩也（株式会社システムタンク）

第1章

「NO」を濁さず伝えるずるい「断り方」

01

帰りたいときは「制限つき」でやる気を見せる

今日の仕事を終え、「さあ帰ろう」というとき。上司や先輩に急ぎの仕事を頼まれるのはなんとも辛いものですね。約束事がある場合にはなおさらです。

○○さん、すみませんが……。

はい。

悪いんだけど、この仕事を急ぎでお願いできますか？

さて、この状況で、あなたならどんな対応をなさいますか。

①「今日はちょっと……」と口を濁《にご》して曖昧な伝え方をする。

②「約束がありますので」とハッキリ伝えて断る。
③関係が悪くならないよう仕方なく引き受ける。

まず、③のように自分の予定を犠牲にしてまで引き受けてしまうのは最も避けたいことです。かといって、①のような曖昧な言い方では感じが悪く、微妙な空気になることも。

②のように言える関係ならば問題ありませんが、クールすぎる言い方はあなたの印象を悪くするリスクもあります。

つまり、どれも得策とは言えないのです。

このような場面では、「あ、お急ぎですよね？」と状況を心得ていることを示しつつ、「このあと外せない所用があり6時には出ますが、30分ありますのでそれまでやらせていただきます」などと**「制限をつけて」**手伝いたい気持ちを伝えましょう。

または、「本日はもう退社いたしますが、明日の朝一でできます」といった返し方でもOK。「お役に立ちたい」という前向きな思いが表せます。

大切なのは、**申し訳なさそうにするのではなく、明るい表情で伝えること**。これがポイントです！

実際のやりとりを想定してみると、次のようになります。

〇〇さん、すみませんが……。

はい。

悪いんだけど、この仕事を急ぎでお願いできますか？

はい。承知いたしました。あいにく本日はこのあと外せない所用があるため、あと20分ほどとなりますが、できるところまでやらせていただければ。

あ〜、20分ですか……。

お急ぎですよね。終わらなかった場合は、明日の朝一でもやらせていただきますので！

ありがとう。悪いね、よろしくお願いします。

いえ、ではすぐに取り掛かりますね！

「今日は（〇時までに）帰ります」と明確な意思を伝えながらも、「なんとか引き受けたい」というポジティブな姿勢を見せることで、相手もそれ以上無理を言いづらくなります。

同時に、あなたの誠意をしっかりアピールすることもできます。

相手も納得するワケ

約束があるにもかかわらず、できる限り力になろうとしてくれる気持ちがありがたい。

02

引き受けられない（引き受けたくない）仕事の依頼は、一緒に解決策を考える

仕事である以上避けられない依頼ももちろんあるかと思いますが、専門外の案件や明らかに業務の範囲外である場合、たとえ引き受けても対応が難しかったり、「どうして私が？」と思ってしまうものもあるでしょう。

ここでは、そんな「不本意な」依頼のかわし方をお伝えします。

たとえば、ほかに担当の部署があるにもかかわらず、上司からあなたに声がかかったとします。

このようなシーンでは、次のように返している方も多いのではないでしょうか。

なんだかパソコンの調子が悪いみたいなんだ。○○さん、見てもらってもいいか

な？

えっと、今はちょっと業務が手一杯でして……。

「今手が離せない」ことを理由に断るパターンです。

しかし、これは決して上手なかわし方とは言えません。その場は諦めてくれるかもしれませんが、**今は無理でも今後は引き受けてもらえる、という可能性を残してしまいます。**

一度きりですめばよいですが、引き受けてしまったがために、その後「じゃあ今回もよろしくね」と習慣化してしまうのは好ましくありません。

それに、毎回同じ業務を断るのも心苦しいですし、「さすがにもう断れない」という限界が来るはず。仕事を頼む側にとっても、何度も拒否されるのは気分のよいものではありません。

こんなときは、次のように伝えてみてはいかがでしょう。

【例①】

このところ○○の業務が手いっぱいで余裕がない状態なのですが、お困りですよね。どなたにお願いしましょうか？

【例②】

私の専門外でして、対応が難しいです。どうしましょう？ 担当の部署はどちらになるのでしょうか？

まず、自分は引き受けられないということを理由とともに明確に伝える。そのうえで、「お困りですよね」「どうしましょう」といった「共感」を示す言葉を添える。続いて「誰にお願いしましょうか」と一緒に解決策を考える姿勢を見せる。

この三段論法を用いれば、相手に〝一緒に悩んでくれるいい人〟という印象を与えることができます。

つまり、**断っているのにもかかわらず、なぜかあなたの好感度がアップする**のです。

さらに「手が空いたら頼む」以外の選択肢が生まれることによって、それ以降も声をかけられることがなくなります。

相手も納得するワケ

引き受けてもらえなくても、一緒に解決策を考えようとしてくれる部下は心強い。

03

シフトを変わってほしいと言われたら、スケジュールを確認する姿を見せる

シフト制で勤務されている方の場合、同僚や上司からシフトの変更を打診されることもあるでしょう。

やむをえない場合を除いて、こういった断りづらい状況を上手に切り抜ける術《すべ》は身につけておいて損はありません。

たとえば「今週金曜日のシフト、代わってもらえませんか？」と頼まれたとき、「あ、ごめんなさい、金曜日はちょっと外せない用事がありまして」とすぐに返事をしていませんか？

じつはこれ、あまりよい戦略とは言えません。

問題なのは、尋ねられて即座に断る形になってしまっていること。まずは対応の可否ではなく、「何も予定がなければ快く代わってさしあげたい」という姿勢が相手に伝わることが大切です。

そこで、たとえ予定の有無を把握していたとしても、もし「代われない（代わりたくない）」場合であっても、**第一声は「はい、わかりました」と快諾します。そして「確認しますね」と、いったんスケジュールをチェックする姿を見せましょう。**

その後「ああ、申し訳ございません。あいにく◯◯が入っておりました」と簡単な理由をお伝えします。

来週水曜のシフトなんだけど、代わってもらうことってできる？

はい！　大丈夫だと思います。ちょっと確認しますね。

（スケジュールを確認して）え〜と……。あっ、申し訳ありません……。その日はどうしても動かせない予定が入ってしまっていました。

そっか〜。

代われると思ったのですが。すみません。

いやいや、ありがとね。

「引き受けられるかどうか」を急いで判断する必要はありません。**「もちろん何もなければ代われます！」というスタンスの第一声↓確認↓理由＋お詫び**の流れでいきましょう。

実際には、スケジュールには何も書かれていなくてもいいのです。

予定があろうとなかろうと、快諾を表すひと言目があるだけで、「快く代わってくれようとしてくれた」という印象が残り、あなたの好感度が自然とアップします。

相手も納得するワケ

申し訳ない気持ちでお願いしているので、可否よりも「イヤがられなかった」という事実のほうが重要。

確認しますね
実は真っ白
ありがとう

04

答えたくないことにはジョークで返す

あなたが答えたくない質問とは、どんなことでしょうか？
自宅の場所、勤務先、年齢、未婚既婚、子どもの学校名、年収などなど、個人情報に関することが挙げられるかと思います。

ひと昔前よりは配慮されつつありますが、まだ無躾《ぶしつけ》にプライベートな質問をしてくる人がいるのも事実。

そんなとき、「それはちょっと……」と答えを濁してしまうと気まずい空気になってしまうのでは？　と心配になるかもしれません。もしくは「言いたくないけど目上の人だから答えないと失礼になるし……」「この場の雰囲気を壊したくないから」と不本意にも教えてしまい、後悔したことがある方もいるのではないでしょうか。

この場合、相手との関係性によっては、「**ジョークで返す**」という方法が有効です。

困った表情を見せたり言葉を濁すことはなさらず、次のように冗談交じりに明るく「お断り」を伝えてみてください。

あー、残念です。トップシークレットなんですよー。

部長の承認が要りますので確認しますね！

わかりました！　課長にハンコもらってきます。

何はともあれ、やむを得ず答えてしまうという選択だけは避けたいところ。

ちょっとしたジョークを武器として使うのも、関係性を保ちながら上手に断る「ずるい」戦略です。

相手も納得するワケ

申し訳なさそうに返されるより、断られた気まずさが軽減する。笑って次の話題にも移りやすい。

05

プライベートな質問は「NO＋ちょっと譲歩」で切り抜ける

「ジョークで返すのは難しい」という方向けに、もうひとつ別のパターンをお伝えします。

私の生徒さんたちにも非常に好評で、「断るのが楽になった！」と嬉しい報告が多いのがこちらの方法です。

「答えたくない質問」の代表といえば住所。まずは次の質問に対する2つの回答例をご覧ください。

どこに住んでるの？

【A】大田区のほうですが、具体的には申し上げられません。

【B】具体的には申し上げられませんが、大田区です。

さて、相手と友好な関係を保つには、どちらがより効果的な答え方でしょうか？

Aは非常にきつく、否定感たっぷりに聞こえてしまいます。

それに対して、Bは伝える順序をただ逆にしただけですが、「具体的な地名や町名、駅名などの詳細をお伝えするのはNO。でももう少し広い範囲でならお答えします」という、譲歩しつつも相手に侮らせない言い方になります。

このように、順序を入れ替えるだけで、相手の受ける印象がこんなにも変わってくるものなのです。

答えたくない質問をされたときには、「**答えられないことを伝える＋言える範囲の譲**

歩した回答」で上手にかわしてみてください。ほかにも、

お子さんはどこの学校に通ってるの？

学校名は言えないのですが、都内の私立校です。

ご主人はどちらの会社にお勤めなんですか？

具体的な会社名はお伝えできないのですが、教育関連の企業です。

などなど、きわめてプライベートな質問にも対応できます。

もしかしたら、「さすがにそこまでは言えないよね」「失礼だったかな」と自然と相手に感じさせ、ちょっとした反省の気持ちになってもらえるかもしれませんね。

相手も納得するワケ

具体的でなくても、快く「答えてくれた」からそれでOK。

NO
＋
言える範囲で譲歩
具体的には申し上げられないんですが…
大田区です

06

お誘いを断るときは「お詫び」を言わない

「お疲れさま。今夜1杯どう？」と気軽に飲みに誘ってくれる先輩や上司はありがたいものの、デートの約束があったり、ただ単にその日は帰りたい、というときもありますよね。

また、仕事とプライベートはきっちり分けたい方も少なくないでしょう。

この場合も「あの、今日は（その日は）ちょっと……」といった曖昧な答え方はNG。迷惑がっているように伝わってしまうので、断られた側は当然いい気持ちはしません。

それに、強引な人の場合、「1杯だけ付き合ってよ」「1時間だけどう？」などと返されるかもしれません。

もうひとつ、よく言いがちな「ちょっと忙しくて」も同様。「迷惑です」というニュアンスで受け取られてしまうことがあるので、避けたいところです。

ではどうすればスムーズに相手に納得してもらえるでしょうか。

ここでは、「母を空港に迎えに行かなければならず」「その日は同窓会がありまして」など、**〝ほかの日に代えられない〟理由を伝えます**。

事実かどうかは問いません。ただし同じような理由が続くと「また？　この前も同窓会してなかった？」などと疑われてしまいますし、相手の気分を害してしまうことにもなりかねないので、お断りの理由はいくつかストックしておくとよいですね。

大切なのは、**「すみません」「ごめんなさい！」などお詫びを言うのではなく、「誘ってくれてありがとうございます」という感謝の気持ちのみを伝えること**。謝られると、誘った側にもバツの悪さや罪悪感を与えてしまうからです。

お疲れさま。来週の金曜日、予定空いてる？　飲みにいかない？

すみません、その日は高校時代の同窓会がある日でして。せっかく誘っていただいたのに本当に申し訳ないです……。

お疲れさま。来週の金曜日、予定空いてる？　飲みにいかない？

お誘いありがとうございます！　その日は高校時代の同窓会がある日でして。残念です～。

断る理由は同じですが、明らかに後者のほうが感じがいいことが伝わると思います。

加えて、お断りの理由を伝える際は項目03（P30）でお伝えした戦略で、いったんスケジュールを確認する姿を見せると、なお効果的です。

お誘いを断るときは、**「感謝」＋「残念だと思う気持ち」**を前面に出しましょう。次も誘ってもらいたいなら「また誘ってください」もプラスすることも忘れずに。

もちろん、今後声をかけてほしくない場合には、感謝の言葉だけで終えるようにします。

相手も納得するワケ

お詫びより感謝を伝えてもらえると、誘った側はバツが悪い思いをせずにすむ。

07

お酒をすすめられたら「飲まない（断言）」＋「ウィット」で返す

飲み会でお酒をすすめられたけれど、遠慮したい。そもそもアルコールが苦手だったり、今日は控えたいというときもありますね。

ひと昔前と異なり、「まあまあ1杯だけ」と強引にお酒をすすめる上司や同僚は昨今多くないかとは思います。

しかし私の経験上、このような場合の対処法を相談されることがまだまだあるのも事実。お酒を控えている人や苦手な人は、上手な返し方を知っておくと安心です。

よくある答え方としては、「お酒は弱いので……」「私、飲めないので」などではないでしょうか。

ところが、このようなセリフでは、右記のようにやや強引にすすめられてしまうリスクが残ります。

いくら仕事上のお付き合いとはいえ、無理してお酒を飲むことは危険がともないますので、ここはしっかり断りましょう。

コツは、**「飲まない（断言）」＋「ウィット」で返す**こと。

私はアルコールをいただかないので、どうぞ私のぶんまで召し上がってください！

など、**飲まないことをキッパリと伝えたうえで、親切心にすり替えてしまう**のです。

「私、ウーロン茶でも酔えるんです」など、軽いジョークを付けてもいいでしょう。

本書で紹介するほとんどのシーンで言えることですが、何かをお断りする際、相手に〝困っている感〟が伝わってしまうと、誘った側の居心地はあまりよいものではないということを覚えておいてください。

その場の空気が悪くなったり、ときに失礼に値することもあり、お互いにイヤな思いをしてしまうことになります。

断るときは明るく返すことが大事。

しっかり「NO」を伝えつつも、「ウィット」をプラスすることで微妙な空気になるリスクが避けられます。

相手も納得するワケ

困った表情をされると後ろめたさが残る。明るく返してもらえると、気まずくなったり、あとから不安になることもない。

08
連絡先を聞かれたら「みなさんお断り」を伝える

上司に限らず、先輩や同僚、はたまた取引先の方から「ＬＩＮＥ教えて」などと個別の連絡先を聞かれた経験はありませんか？

仕事上のタイムリーな連絡や頻繁なホウレンソウが必要な場合、短い文章でやり取りできるＳＮＳのメッセージ機能は大変便利な手段ですが、そこまでの必要がない相手の場合、このような申し出には戸惑ってしまいますね。

そもそもＬＩＮＥなどは、アイコンの写真などプライベートな情報を含んでいることもあり、仕事関係の人には教えたくないと考える方もいらっしゃるでしょう。

非常に断りにくいこのような場面では、次の方法を試してみてください。

LINEは普段仕事で使っていないため、ご連絡を見逃してご迷惑をおかけするかもしれませんので、これまで通りメールでお願いできますか？

仕事のやりとりはメールで統一しているんです。

などと、今までの連絡方法を変えない意志を伝えます。

ただ「あなたには教えられません」と突き放すのではなく、**暗に「お断りしているのはあなただけではありませんよ」という内容を含めて伝える**ことで、相手にとっても納得のいく理由になるのです。

このときも、「お教えできません」とあからさまに断ったり、「LINEはちょっと……」と口ごもってしまうのはやはりNG。迷惑に思っていることが伝わってしまい、相手に恥をかかせてしまいかねません。

何かを提案した際に、真っ先に「NO」と言われると誰しも不快感を覚えます。

返される最初のひと言で、意外なほど人の感情は左右されるもの。
いきなり否定するのではなく、「これが私の通常です」と凛《りん》としてお答えしましょう。

相手も納得するワケ

「みんな一緒」が伝われば、断わられてもショックは少ない。

09 プライベートなメッセージには、ビジネス定型文で返す

はじめは仕事の連絡だけだったはずなのに、いつしかプライベートな内容が送られてきたり、必要以上にメッセージやお誘いが来るようになった……。二度と会うことのない相手であれば即ブロックでもよいですが、仕事絡みの関係の場合、断ったあともやりとりが続いたり、顔を合わせることがあるかもしれません。その後の仕事に支障をきたすことになっては困るため、無下《むげ》にすることもできず悩ましいところですね。

そんなときは、**あえてやや硬めの敬語や、ビジネス定型文で返すのが有効です。**

今週末はどうしてる？

このところ、〇〇の件で多忙でしたため、溜まっていた用を片付けます。

イベントお疲れさまでした。打ち上げも兼ねて今度飲みに行きましょう！

本日もお疲れさまでございました。お気遣いありがとうございます。今後もよろしくお願い申し上げます。

ビジネス定型文ですから、丁寧さは抜群です。その一方で相手との距離をとり、「あなたとはビジネスの付き合いですよ」ということを匂わせて気づかせます。

礼儀正しさとやんわりした拒否の両方を伝えることで「ずるく」回避しましょう。

相手も納得するワケ

ハッキリとした拒否ではなく「ビジネス上のやりとり」という形を保ってくれているおかげで、その後も何事もなかったように関係が続けやすい。

10

「写真消して」を伝えるときは あなたの気遣いも同時にアピール

ご一緒したランチやパーティー、イベントの際に何気なく撮ったグループ写真や、知らないうちに撮影されていたあなたの姿が勝手にSNSに投稿されていたら？

プライベートの写真を承諾なく世間にさらされるのは気持ちのよいものではありません。とくに女性は自分の写りを気にされる方も少なくないでしょう。

また、日時や場所が確定されてしまう投稿内容ですと、思わぬトラブルに発展してしまうかもしれません。

もちろん、断りなしに掲載した相手側に非があるのは確かですが、今後の関係を保つためにも、伝え方には気をつけたいところです。

なんで勝手に写真載せたんですか！

と、開口一番に相手を責めるのは賢い言動とは言えません。

多くの方が言ってしまいがちなのですが、「なんで」「どうして」から始まる言葉は、相手に〝責められている〟と受けとられてしまうので禁物です。

そこで、伝え方をひと工夫してみましょう。

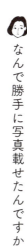

じつはあの日、別のお誘いをお断りして参加したもので、お手数ですが急ぎ写真を削除していただけますか？

ほかにも「その日は仕事ということになっておりまして」等、まずは写真を掲載されると都合が悪い理由を伝えます。このとき、**何らかの予定を断って（調整して）いた、という背景が伝わることがポイント**です。

そのうえで、**クッション言葉（「お手数ですが」等）＋「写真を削除してくださいますか？」**

と、**伺う姿勢も入れながら**お伝えしてみましょう。強制するのではなく、自然と相手自身が判断する形となるので、よりソフトな印象になります。

このような言葉選びをすることで、**ほかに予定があったにもかかわらず自分との時間を優先してくれた**というちょっとした「優越感」を相手に与えることができます。

さらに「**誘いを断った方にも気遣える人**」**という印象にもなる**ので、あなたの好感度が上がることも期待できます。

相手も納得するワケ

自身の配慮が欠けていたにもかかわらず、責めずに伝えてくれる気遣いには快く応えたくなる。

第2章

トラブルを切り抜けるずるい「対応」

11

クレームには「肯定」ではなく「共感」で対応する

クレーム対応の鉄則は、お客様の不満を最後まで聴くこと。うなずきや相づちを適度に入れつつ、相手の言い分にじっくりと耳を傾けるのが基本とされています。

本書では、もうひとつ大切なことをお伝えします。

それは「**共感**」です。

お怒りのお客様に対して、反射的に「申し訳ございませんでした」と言ってしまうこともあるかもしれませんが、まだどちらの責任なのか判断がつかない状態のときには適切ではありません。

ただし同じ言葉であっても、不満感や不快感を持っている相手の感情に寄り添う「共感」の意図であればむしろ有効です。

この度は不快な思いをさせてしまい申し訳ございませんでした。

さぞお困りのことでしたでしょう。大変ご心配をおかけしております。

など、**自社のミスを「肯定」するのではなく、相手の困りごとに「共感」する言葉**として使います。

相手は、どれだけ迷惑を被ったか、どんなに困ったか、どれだけ不愉快な思いをしたか、どんなに無駄な時間や金銭を費やしたかなど、溜まっていたものをとにかく吐き出したいと思っています。

ですから、こちらの共感の姿勢が伝わり「ちゃんと聞いてくれている」と感じてもらえれば、さらに不満が膨らむことはまずないはずです。

これは、対面の場合であっても電話の場合であっても共通です。

「結局謝っているんだから同じじゃないか」と思われるかもしれませんが、先に挙げた言葉は、**決してあなたや自社側の非を認めたということではありません**。あくまで不快な思いをされたことへ共感する言葉となります。

ですから、もし理不尽なクレームを受けた場合であっても「共感」の言葉はどうぞ惜しみなく。

そのうえで、お困りの事実について確認し、解決策をご提案するといった基本のクレーム対応を行ってください。

相手も納得するワケ

「自分の不満を理解してくれた」という実感が得られると、味方ができた気持ちになり安心する。

12

クレーマーには「期限」を伝えることがカギ

早急に確認し回答いたします。

原因がわかり次第なるべく早くお返事をいたしますので、いま暫くお待ちいただけますでしょうか。

追って折り返しご連絡させていただきます。

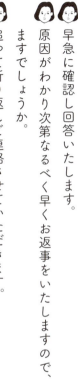

こういった返答に、どこかモヤモヤした経験はありませんか？
一見誠意のある対応のように思えますが、じつは肝心なことが伝えられていません。
それは**「期限」**です。

いつまで待てばよいのかがあやふやな状態なので、「『すぐに』と言ったじゃないですか！」「『確認次第』っていつのことなんだ！」と、更なるストレスを生みやすくなります。

つまり、〝二次クレーム〟に繋がってしまうのです。

ヒートアップしたクレーマーが「上の者に代われ」「社長を出せ！」と言うのも、この対応が甘いときの常です。

いくら誠実に対応しているつもりでも、それが相手に伝わらなければ、不満や不安を煽《あお》る結果となってしまいます。

クレーム対応は、「誠実」な心だけでは不十分。「誠実」の中に「的確」な対応を含めることを覚えておいてください。

「いつ（期限）」を明確に伝えることが、事態を悪化させないためにはとても重要です。

- いつまでに確認するのか
- いつ回答をするのか

加えて、「誰が」「どんな方法で」もしっかり添えたいものです。

では、社内ですぐに確認し、本日の17時までに私〇〇から△△様の携帯電話宛てに必ずご一報を入れさせていただきます。

相手が欲しい言葉はこれなのです。

クレームは、「対応の早さ＋誠実さを示す的確な言葉」が命です。この真摯《しんし》な対応ができれば、その会社や製品、対応した担当者のファンになってくれることも稀《まれ》ではありません。

これこそが「クレーマーを上客に」と言われる所以《ゆえん》。そして、「不満」とその「対応」を今後にしっかり活かすことで「クレームは宝」ともなります。

相手も納得するワケ

「いつまでに」を具体的に答えてくれると、いくぶん安心して待つことができる。

13

取引先へのお詫びは何はともあれ「すぐ訪問」

自身や会社のミスなどで先方に多大なご迷惑をかけた際や、かなりのお怒りを買った場合の立ち回りについても考えておきたいものです。

できればメールや電話ですませてしまいたい気持ちもわかりますが、それは決して賢い選択とは言えません。「このあとお詫びに伺わせていただきます」と、相手先に出向くことが必要です。

仮に「来なくて結構」と拒否されたとしても、「そうですか……」と真に受けてしまうのは戦略ミス！　とにかく時間を置かずに先方に足を向けることが誠意です。

あなたの行動が早ければ早いほど、心からのお詫びの気持ちを表せます。相手の怒りを少しでも鎮《しず》められる可能性があるのなら、すぐに動かない手はありません。

ここで、「かえって迷惑になるのでは？」「相手の都合を優先すべきでは？」と思われるかもしれませんが、これはビジネスマナーを心得ているがために陥ってしまう、もったいない考えです。

「承知いたしました。それでは後日、○○様のご都合のよろしい際にお詫びに伺わせてください」といった伝え方は、謝罪というシチュエーションに限っては、かえってマイナス。**「あっさり後回しにされた」という印象になり、相手をさらに不快な気分にさせてしまう**のです。

面会拒否をも前提で、すぐに足を運ぶ心づもりで行動しましょう。

相手も納得するワケ

お詫びに駆けつけてくれるのが早ければ早いほど、自社や自分が「大切な会社／人物」と位置づけられていることを実感できる。

14 お詫びの品は「帰り際」に置いてくる

謝罪に出向くときは、一刻を争う事態でない限り、お詫びの品を持参します。その際の品物の選び方・渡し方についても戦略をたてておきましょう。

お詫びの場合は、後々まで残らないという意味で「消え物」が適しています。また、流行りものより老舗の銘菓。洋菓子より和菓子のほうが、真摯な思いが伝わりやすいかもしれません。包装もポップなものはNG。お詫びの品に派手さや華やかさは不要です。

そして、もうひとつ覚えておいていただきたいのが、お渡しするタイミングです。

通常、手土産というものは、お会いしてご挨拶がすんだところで差し上げるのがマナーです。しかし、謝罪の場ではこの限りではありません。「どうぞこれでご勘弁ください」という意味にもなってしまうからです。

もし、「この度は誠に申し訳ございませんでした。こちらほんのお詫びの気持ちでございます」とお目に掛かってすぐに差し出されたら？

なんとなく先手を打たれた気がしますし、まだあなたを許していない時点で、自ら手を出して品物を受け取ることは気まずくもあります。

心を込めて丁寧に謝罪の言葉をお伝えしたら、お許しの言葉をいただいても、もしもまだお怒りが収まっていなくても、「こちら心ばかりですが……」と、**手渡さずに帰り際にサッと置いてくる。**これがお詫びする者の流儀です。

相手も納得するワケ

「勝手に置いていった」という大義名分があれば、お詫びの品も受け取りやすい。

15

遅刻の連絡は「確定前」にすませる

他社での打ち合わせや外で持ち合わせをするとき、不測の事態にも対応できるよう約束の時間に余裕を持って向かうことは基本のマナー。しかし、ときには電車の遅延など、不可抗力によって遅刻してしまうこともあります。

やむを得ず遅れてしまう場合、押さえるべきポイントは2つです。

1つめは、間に合わない可能性が出てきた時点ですぐにお知らせすること。遅れることが決定的になったタイミングではなく、**遅れる「かもしれない」段階で第一報を入れます**。ここでは「車両事故のため」など簡単に理由を添えておきます。

また、相手にとっては何分遅れるのかも気になるところ。予測の範囲で伝えておきましょう。

2つめのポイントは、現地に到着したときの言葉の選び方です。**理由は告げず、「大変お待たせしてしまいまして申し訳ありません」と誠心誠意、謝罪の言葉を述べるに留めましょう。**

遅れた理由は到着前に伝えているので、基本的には不要。もちろん尋ねられた際にはお答えしてかまいません。

遅刻してしまった身としては、第一声で遅れた理由や、それが不可抗力であることを伝えたいところですが、ここは**あえて告げないのが「ずるさ」**です。

遅れてすみません！　どうやら総武線で信号機故障があったようでして。おかげで振替え輸送で遠回りすることになってしまって。10分前に着くように出たのですが、30分も余計にかかっちゃって……。申し訳ありませんでした。

開口一番このように言い訳を並べられたら、仕方ないとはいえ気持ちのよいものではありません。理由を述べたところであなたの評価が上がるわけでもありません。

【到着前】

（アナウンス）ただいま○○駅付近の信号機に不具合がありましたため、現在確認中につき電車に遅れが生じております。現在復旧の目処は立っておりません。

（メールやチャットで）「恐れ入ります。ただ今、○○線の信号機故障で遅延が発生しており、遅れる可能性がございます。復旧時間など、状況がわかり次第ご連絡いたします。大変ご迷惑をおかけし申し訳ございません。」

【到着後】

遅れまして大変申し訳ございません！　ご迷惑をおかけしました。

○○線の事故だったんですよね？　今日は大変でしたね。

いえいえ、お待たせして本当に申し訳ありません。

それは仕方ないですよ。最近多いですからねー。では始めましょうか。

こんなふうに**到着後は最低限のやりとりですませたほうが、あなたの誠実さを印象づけることができます**。

相手にとっても、これから何時間かをともにする相手に対し、序盤からモヤモヤを抱えたくはないはず。潔く謝ってくれて、さっさと別の話題に移行できれば、気持ちを切り替えやすくもなります。

まずは、到着前のできるだけ早いタイミングで、お詫びと簡単な理由をお伝えする。

到着したら、相手を待たせてしまったことに対しての謝罪のみに徹する。

これが、あなたの信頼度を最大限に上げる戦略です。

相手も納得するワケ

遅刻したときは言い訳されるより潔い姿を見せてくれたほうが、不満を引きずらなくてすむ。

16

失言は気づいたら即訂正

会話中、ずっと相手の名前を間違えて呼んでいた！　失礼にあたる言葉を発してしまった！　尊敬語と謙譲語を間違えて使っていた！　などなど、あとでハッと青ざめた経験は、誰しも一度はあるのではないでしょうか。

そんなとき、あなたはどんな対応をなさっていますか？

「どうしよう、相手も気づいたに違いない。今さら謝って事を大きくするより、何事もなかったように話を続けているほうがいいのだろうか……」などと考えあぐねてしまうもの。

これでは気になって会話どころではなくなってしまいますね。

さらに困るのは、別れたあとに失言に気がついたとき。今後しばらく会う予定がない方ですと、「わざわざ連絡してお詫びするのも蒸し返すようでなんだか……」と悩ましいところです。

私は、いつであろうと**気づいた時点ですぐにお詫びをする**ことをすすめています。会話の途中であっても、いったん別れたあとでも、スルーはしません。

たとえば相手の名前を間違えていたことに気づいたのなら、

先ほど間違ったお名前でお呼びしていたかもしれません。大変失礼いたしました。

と勇気を出して素直にお伝えすると、意外にもスッキリして気持ちが落ち着くものです。

敬語など言葉遣いの間違いでも同じです。

「拝見していただけましたか」や「担当の者に伺ってください」など尊敬語と謙譲語の

の誤りはよくあるＮＧ敬語ですが、たった１回の間違いであっても、相手に「言葉を知らない方なのね」と思われてしまうかもしれません。

間違いに気づいたことを伝えることで、相手に「敬語を知らない人」「常識のない人」と印象づけてしまうことを避けられます。

自分の間違いを素直に認めて、ごまかさずに訂正できる人は少ないため、さらにあなたの信頼度も上がります。

相手に喜ばれるワケ

失言や言い間違いは、間違えていたことを自ら申し出てくれたほうがモヤモヤせずにすむ。

失礼しました！
GOOD
いえいえ

17

対応し忘れても「失念した」と言わない

連絡を入れるべき相手に、すっかり返信を入れるのを忘れていた！　そんなとき、安易に用いるのを避けたい言葉があります。

申し訳ございません、すっかり失念しておりまして……。

「忘れていた」ということは相手のことを大切に考えていない、つまり軽く見られていると受け取られることがあります。ですので、私としては安易に使用していただきたくないセリフです。

ほかに、よく聞かれる言葉として「ちょっとバタバタしておりまして」「忙しくて」もあります。

前者はビジネス用語としてふさわしくありません。後者も、「私だって忙しいのに」と反感を買う恐れがあるので避けたいところです。

さらに言うと、「すみません、体調を崩しておりまして」もあまりおすすめできません。もちろん健康状態が悪いことは誰しもありますが、第一声で使うのはNG。相手も、体調が優れない中勤めているかもしれないからです。

なにより、病を理由にされてしまうと責めにくく、かえって「大丈夫ですか？」「ご無理なきよう」などと伝えなくてはなりません。これにいささか〝反則感〟を覚える人もいるのです。

もちろん入院や長期で休むなどの場合はその限りではありません。復帰の目途や代理の者の情報を責任持ってお伝えするのがマナーです。

また、「子どもが熱を出してしまい」など、プライベートな理由も要注意。大変さは十分理解できるのですが、家庭の話を持ち出してよい関係なのか？ を考えたうえで使用したいものです。

では、あなたの評価を下げない適切な連絡の仕方とは？

まずは言い訳なしの「遅くなり申し訳ありません」＋すぐに（何日の何時までに）対応する旨を伝える。これがベストです。

相手も納得するワケ

忘れていたと正直に言われてガッカリするより、シンプルにお詫びと今後の見通しだけ伝えてもらったほうが、余計な後味の悪さが残らない。

18

催促するときこそ「気遣い」で器の大きさを見せる

お願いしていた資料のチェックが期日になっても返ってこない。「〇日までにお返事いたします」と伝えられたにもかかわらず、もう2日も過ぎている！

よくある事態ではありますが、あなたは次のように連絡していませんか？

お返事はまだでしょうか？

〇〇の件、ずっとお待ちしているのですが。

お約束した期日をすでに過ぎております。早急にお送りください。

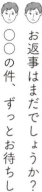

期限を守れなかった相手に非があるにしても、責められ感たっぷりの言葉を受け取るのは辛いもの。受け取り手によっては、あなたの好感が薄れてしまうことも考えられま

す。

ですから、ここはぜひ戦略的にいきたいところ。
あなたの品格や器の大きさの見せどころでもあります。

お願いしている資料ですが、その後いかがでしょうか？

と、**お伺いの文言にする**と角が立ちません。

また、

◯◯の件についてのお返事はすでにお送りいただいておりますでしょうか？

なども上手な言い方です。
「すでにお送りいただいた回答が何かの間違いでこちらに届いていないかもしれないので確認したい」というニュアンスになり、配慮と品がうまく示せる言い方となります。

さらに、「ご多忙のところ恐れ入ります」などのクッション言葉を添えられれば、なお品格を感じさせます。

相手も、期限を守れなかったことへの罪悪感を抱いているはず。そんなときに届いたメールや電話が気遣いの言葉だったら、相手はあなたの心遣いに感謝するでしょう。

不満があるときほど相手を責めずに立ち回る。このような状況こそ「ずるさ」の使いどころです。あなたの好感度を上げるチャンスに変えてしまいましょう。

相手に喜ばれるワケ

自分のミスを自覚しているときほど、相手の気遣いや器の大きさに救われる。

19

相手の名前が思い出せなくても ごまかさない

「〇〇さん！　お元気ですか？　先日はお世話になりました」と話しかけていただいたのに、こちらは相手の名前が思い出せない……。

私がテレビやラジオ番組などでも頻繁に質問されるお困りごとのひとつです。スクールの生徒さんから聞かれることも多いので、きっと日常的に遭遇する事態なのでしょう。

こんなとき、なんとかごまかしてその場を切り抜けたくなってしまいますが、あまりよい手とは言えません。

もし「〇〇の件で、ご連絡ください」と言われたら？　名前がわからないままでは、連絡のしようがなく後々困ってしまいます。

このような事態には、私は**「ごまかすのはNG。とにかく思い出せる情報があればそれを伝えましょう」**とお話ししています。

たとえば、どのセミナーやパーティーでお目にかかった方なのか？　どんな会話をしたのか？　その場に居合わせた共通の知人や、社名は？　どんなことでもかまいません。

誰でも、自分のことをすっかり忘れられていては落胆しますよね。でも、たったひとつでも思い出せる情報があれば、相手に「あなたのことをきちんと認識していますよ」と伝えることができます。

つまり、ガッカリさせたり、恥をかかせてしまうことが避けられるのです。

たしかセミナーでお目に掛かりましたよね。お世話になりました。

この程度で十分です。そのあとで、「もう一度お名前を伺ってよろしいですか？」と続ければＯＫ。「人のお名前を覚えるのが苦手で……」などと付け加えてもよいでしょう。

これにより、自分だけ覚えられていないというバツの悪さを感じさせずにすみます。

また、「お元気ですか？　先日はお世話になりました」と話しかけられた際に、「こんにちは。諏内でございます」と**先回りして名乗れば、相手もつられて名乗ってくれる可能性大**です。

じつのところ、相手もこちらの名前を覚えているとは限りません。相手も同じように忘れていたとしたら、きっとありがたい情報となるでしょう。

相手も納得するワケ

自分が認識されているとわかれば、落胆も最小限ですむ。

先日は
どうも！
WHO
?

20 どうしても思い出せないときは「顔」を使う

では、何ひとつ覚えのない人から挨拶されたときはどうしたらよいでしょうか？「誰？　誰？」と頭をフル回転させて必死に思い出そうとしても、検討もつかない状況の場合です。

相手は自分のことをしっかり覚えてくれている様子なのに、こちらはまったく思い出せない。会話を糸口に何かひとつでも思い出すことができれば……！　と願ってはみるものの、はたして誰なのかさっぱりわからない。

なんだか申し訳なく、つい話を合わせてその場をやり過ごしたくなりますね。

ただしこれでは、いずれつじつまが合わなくなるのも必至。

あなたがごまかしているということは、案外相手にも伝わってしまうものです。これではリスクが大きすぎます。

このような絶体絶命の事態には、次のようにお伝えしてみてください。

お顔はハッキリ覚えているのですが、どちらでお目にかかりましたでしょうか？

「お顔はハッキリ覚えています」。このセリフは相手には真偽の判断がつかないので、非常にありがたい武器になります。

そのうえで「お名前をもう一度お伺いしてよろしいですか？」と続ければ、感じ悪くならずに会話が進められます。

相手も納得するワケ

覚えているのは「顔」で十分。下手なごまかしよりプライドも保てる。

21
「緊張のカミングアウト」で応援ムードをつくる

私のスクールでも、「人前で話すのが苦手で、すごい緊張するたちなんです。どうしたらいいですか?」「プレゼンで緊張しない方法ってありますか?」などとよくご相談を受けます。

これは多くのビジネスパーソンのお悩みだと思います。

プレゼンのシーンでは堂々たる姿を装うことも必要ですが、ここでお教えしたいのは、緊張する場面で使える大変簡単でかつ、効果的な戦略です。

次のような言葉を添えて、聴衆を味方につけてしまいましょう。

昨晩からずっと緊張をしておりまして。

ただ今、緊張マックスの状態につき……

できれば早い段階で正直にカミングアウトしてしまいます。

素直にそう言われると、「大丈夫ですよ、落ち着いて〜」と応援したくなるのが人情。「下手なしゃべりだ」「このプレゼン失敗だな」と思われてしまう前に、**「(今日は特別に)緊張している」という情報を提示し印象づけてしまうのです。**

タイミングは早いほどよいですが、プレゼンの中盤であったとしても、「すみません、緊張しすぎて支離滅裂になってしまいました」などと本音を挟むと、その場の空気を和ませることができます。

なにより、正直に告白したことによって自分自身が不思議と落ち着いてくるものです。

相手も納得するワケ

緊張＝大事な場面と捉えていることの証。それほどの大舞台であり、自分やこの場を大切に考えてくれている相手に悪い気はしない。

22 クライアントのハプニングには「大丈夫!?」ではなく「大丈夫」で反応する

打ち合わせのテーブルに運ばれたお茶を、クライアントが誤って倒してしまった！
お渡しした資料も濡れてしまった！
ここで9割の人が発する言葉といえば、

あ、大丈夫ですか!?

ではないでしょうか。
たしかに、それ以外にこの場に適したセリフは見つけにくいかもしれません。
ただし、ここで「大丈夫!?」と言われても、ほとんどの場合「あ、はい大丈夫です」

としか答えようがないもの。よかれと思って掛けた言葉が、こちら側も慌てているように伝わり、相手のミスを大ごとにしてしまう可能性もあるのです。

ですから、じつは粗相《そそう》をしてしまった本人にとって、「大丈夫ですか!?」という言い方はそれほどありがたい言葉ではないかもしれません。

そこで私は、こう言い換えることをおすすめします。

あ、大丈夫ですよ

疑問形にするのではなく、**肯定形にすることによって「大したことではないですよ」というニュアンスになる**ため、相手の気持ちが楽になります。

続けて「今、布巾をお持ちしますので」や「予備の資料をお渡ししますね」など、〝大丈夫〟である理由を落ちついた口調で添えてあげると、あなたの好感度はさらに高まります。

焦っているときや恥ずかしいと感じているときに欲しいのは、驚いたり騒ぎ立てるのではなく、安心させてくれる反応と言葉です。

さらにはミスをした相手だけでなく、周りに対しても「とっさの事態でも落ち着いて行動できる人」と思わせる術でもあります。

相手も納得するワケ

プチパニック状態のときは、相手が冷静に〝大したことない〟空気にしてくれると非常に助かる。

第3章

相手との関係を良好にするずるい「立ち回り」

23

上司より先に帰りたいときは「報告」＋「明日のやる気」

自身の仕事が完了したので帰りたいのに、上司がまだ残業している……。こんなとき、一般的な選択肢は3つです。

① 先に帰ることを言い出せず、不本意ながら自分も残ってしまう。
② 「○○が終わりましたが、何かお手伝いすることはありますか？」と優等生的な声かけをする。
③ 「すみません、お先に失礼します……」と逃げるように帰る。

それぞれの対応を検証してみましょう。
①では、今後もずっと帰れません。

②の言い方は、新人研修で習った方も多いのではないでしょうか。しかし、こちらもあまりおすすめできません。もし「ありがとう！　じゃ、これ頼むね」と返されたら？　あえて尋ねたために墓穴を掘ることになります。

③は、上司も自分自身も後味の悪さが残ってしまうので、決して賢いやり方とは言えません。

正解は、**「今日の任務は果たしたので当然帰ります」＋「明日の業務へのやる気」を上手く伝える**こと。

具体的にはこんな感じです。

課長、◯◯がすべて終わりました。明日はA社の案件から取り掛かります。

はい、ご苦労さま。

お疲れさまでした！　お先に失礼します。

このとき、**決して申し訳なさそうにしないこと**。悪びれずに爽やかに伝えることで「はい、お疲れさま〜」と言ってもらえる確率がずっと高くなり、気まずくなりがちな場面もスムーズに切り抜けられるでしょう。

相手も納得するワケ

コソコソ帰られるのは感じが悪くて不愉快。翌日のやる気が見えると気持ちよく見送れる。

24 後ろに予定があるときは「早め」＋「ポジティブ」に報告

打ち合わせが長引き、もう出なければならない時間に！　それでも相手が話し続けていると、どうしても「あの、そろそろ……」とは言い出しにくいものです。

あとの予定が控えているときは、お会いしてからなるべく早い段階、できれば本題に入る前にその旨をお伝えするのが正解です。

もし、事前に伝えずに「あの、すみません、私もう出ないといけないので」と急に言い出されたとしたら、周りは内心「それ、もっと早く言ってよ……」と思うでしょう。あなたに対し「段取りが悪い人」というイメージをもってしまうのです。

それに、早めに予定を伝えてもらえるほうが、相手も時間配分を考えて進行できます。

つまり、会議にムダがなくなるわけです。

実際、あとになればなるほど言い出しづらくなるものなので、ここは先手必勝で対応します。

このとき、言葉選びにもポイントがあります。

【NG】

本日15時までに出なければならないのですが……。

1時間しか時間がないため……。

【OK】

本日は15時まで時間がございますので、ご意見を伺えればと思います。よろしくお願いいたします。

つまり、**「しか」「や」「ない」などのネガティブな表現を避けて、「15時まで時間がある」などのポジティブな言葉を選ぶのがコツ**です。

【NG】パターンの伝え方だと途中で抜けてしまうというイメージが先行しますが、【OK】パターンの場合なら「時間の許す限り対応したい」という意欲も示せるため、相手に前向きに受け取ってもらうことができます。

また、【NG】パターンに比べて「短い時間ですませてしまいたい」というニュアンスにならないのもポイントです。

この先手必勝法はオンラインミーティングや、長くなりがちな打ち合わせを早く切り上げさせたいときにも使えますので、ぜひ活用してください。

相手も納得するワケ

たとえ会議の時間が短くなっても、最初に「時間」と「やる気」をセットで示してくれると不快感がない。

25

会議中の電話も「先手」で切り抜ける

「言い出しにくいことほど早めに伝える」習慣ができると、とにかくあとが楽になります。

そしてもうひとつ、味方ができやすくなるという効果もあります。

たとえば絶対に外せない電話が打ち合わせや会議の時間と重なってしまったとき。「どうか会議が終わるまで掛かってきませんように」と祈る思いになるでしょう。

でも、これも先手必勝で切り抜けられます。

会議が始まる前に、

恐れ入ります、途中で1本急ぎの電話が入るかもしれませんので、その際は少し席を外させていただいてよろしいでしょうか？

とひと言伝えておくのです。

正当な理由があれば、会議の途中で電話にでることはマナー違反ではありません。

このとき、あえて**会議のキーパーソンや上席の方に告げておくのがおすすめ**です。その際、「よろしいでしょうか？」とお伺いを立てる聞き方にすると、なお好感が持たれます。

なんの予告もなしに会議の進行中に席を外してしまうと、非常に目立ちます。「え？会議中なのに……」と、あなたをマナーのない人だと思うかもしれません。

しかし、前もって告げていたことにより、「さっき言ってた電話だね。どうぞ」と気持ちよく送り出してくれたら、気まずさも軽減します。

それが上席の方なら尚更安心です。「部長が承諾しているのなら」と、ほかのみなさんも納得しやすくなるため、心強いですよね。

「会議のキーパーソンを狙う」というのはこういった理由からです。

電話に限らず、打ち合わせや商談中に急ぎで確認、返信すべきメールが入る予定のときも、ぜひこの戦略で切り抜けてください。

相手も納得するワケ

事前にひと言あれば「会議より電話を優先された」という不快感がなくなる。自分にも電話が掛かってきたときは、便乗しやすくなるのでかえってありがたい。

26

「追って連絡」は電話ではなくメールにする

結論は出ているのにやたらと続く長電話。困りものですね。
しかし、相手が大切なクライアントや取引先であったら、話の途中で「すみません、急ぎますので」と無下に切るわけにはいきません。

このような場面では、相手の話が途切れたタイミングを見計らって「このあと、打ち合わせがございますので」「そろそろ外出をいたしますので」と、切り出す方法をとる方が多いのではないでしょうか？

このとき、ぜひ押さえておいてほしいポイントが2つあります。
1つめは、「あ、打ち合わせの時間になってしまいました！」といったように、会話に夢中になっていて時を忘れており、**たった今気がついたというニュアンスで伝える**こと。

「あの〜、申し訳ないのですが……」と恐る恐る言い出すよりもずいぶん感じよく聞こえます。

2つめは、話の途中で失礼することによる罪悪感からつい言ってしまいがちな**「のちほど折り返します」「戻りましたらお電話させていただきます」というセリフを使わない**こと。

再度電話をかけることになってはふりだしに戻ってしまいますので、言い方としては「改めてまたご連絡いたします」にとどめ、**ツールや日時は明確にしない**のが賢明です。

そういえば、この前〇〇さんと飲んだんですよ。〇〇さん、本当にお酒が好きですよね。結局付き合わされて2軒目に行くことになって……

〇〇さん、相変わらずお元気そうで何よりです！……あっ！ すみません、私このあと打ち合わせに出なければならないことをすっかり忘れておりまして。本日の

件については、追ってご連絡させていただきますね。

こちらこそ長々と失礼しました。またご連絡お待ちしてます。

このように、**「次の予定を忘れるほど話に夢中になってしまった」＋「改めて」「また」「追って」という言葉**があれば、単に早く話を切り上げたいという意図にはとられません。

そのうえで、頃合いを見計らって**メールで**ひと言、途中で失礼したお詫びを伝えればＯＫ。むしろ「丁寧な人」という印象を与えられます。

この方法は電話だけでなく、もちろん対面のときもお使いください。

相手も納得するワケ

たとえ中断されても、自分の話を集中して聞いてくれた相手にイヤな気持ちはしない。

27 ネガティブな話に前置きは付けない

相手の意見に反対の意を伝えるときや、ミスを指摘するときに使いがちなのが、次のような前置きです。

反論するわけではないですが。

あなたを責めてるわけじゃないんだけど。

べつに怒っているわけじゃないんだけど。

相手を慮《おもんぱか》っているようで、これらは「今からあなたに反論します」「責めます」「怒ります」と言っているのと同じであり、相手を構えさせてしまうのでまったくの逆効果です。

ほかに「お言葉を返すようですが」も、喧嘩腰の姿勢と捉えられるので注意したいセリフです。

相手が気を悪くしないようにというあなたの配慮が、逆に相手の気分を害することになってしまうのは、じつにもったいないことですね。

私は、下手な枕詞などは付けないほうがよいと考えています。

まずは基本の姿勢として、ネガティブなことを伝える場合にも、**いったん相手の意見を受け入れること。そのうえで前置きは付けずに、自身の見解を伝える**ようにします。

たとえば異なる考えを伝える場合なら、

○○さんはそのようなお考えなのですね。私の意見といたしましては～

○○さんのご意見、わかりました。△△のような考えもあるのですが、いかがでしょうか。

となります。

もうひとつ、相手に注意をする場面での「なんで」「どうして」という言葉にも気をつける必要があります。

上司から部下への「なんで遅れたの？」「どうしてできないの？」や、部下から上司への「なんで言ってくれなかったんですか？」「どうしてダメなんですか？」といったセリフは、相手を責めるニュアンスになります。

そこで、**「なんで」「どうして」を、「何が原因で」「どんな理由で」という表現に変えてみてください**。前者のように攻撃的な印象にならないので、その後の関係がぎくしゃくすることも防げます。

これこそがコミュニケーション上手な人の聞き方です。

相手も納得するワケ

前置きがあると余計に身構えてしまうので、ないほうがかえって素直に聞ける。

28

「歓迎」と「牽制」の組み合わせで自分の時間を守る

仕事の合間や昼休みは一人でひと息つきたいという方も多いでしょう。

そんなとき、会社の食堂や近くのレストランで上司と遭遇してしまった！　さらに悪いことに「お疲れさま～」「ここ空いてる？」と隣に座られたら？

いくら招かざる客であっても、「すみません、それはちょっと……」とは言いにくいですよね。

かといって自分の時間を犠牲にはしたくないですし、この場合どのように対応するのがよいのでしょうか？

こんなときは、「もちろんです」「どうぞどうぞ」など快く返事をしたうえで、次のような言葉をプラスするのがおすすめです。

すみません。しばらくメールを打たなければならず、あまりお話しできないかもしれないのですが……。

調べ物がいくつかあるので、すみませんがしばらく失礼します。

つまり、**「どうぞ」＋「でも話せませんよ」ということを先に伝えてしまう**のです。

あらかじめ断っておけば、スマホやパソコンを見ながらたまに会話を挟むくらいでも相手は納得してくれるでしょう。

ここでも、会話が進む前に先手を打っておくのが賢明です。

ポイントは、決して困った表情を見せないこと。まずは相手の目を見て、「どうぞ」と快く受け入れましょう。

はじめに「感じがいい」「歓迎されている」「いい人」という印象を与えてしまうので

す。そのうえで十分に会話できない理由も告げれば、スマホを見続けていても好意的に受け取ってもらえます。

また、居心地が悪いので先に席を立ちたいと思うかもしれません。

そのような場合も考え方は同じ。相手が席に着いたら、できるだけ時間を空けずに「私はちょっと早めに戻りますが、どうぞゆっくりなさってください」と告げておきましょう。

この「歓迎」と「牽制」の釘刺し作戦は、このほかにも意外と使えるシーンが多いのでご自身の状況に合わせて活用なさってください。

相手も納得するワケ

同席を快く受け入れてもらえると、会話がなくても不満にならない。理由があればさらに納得。

SNS
調べものが
あって…
どうぞ♪

29

気まずい鉢合わせは「共有できない理由」で回避

セミナーなどの帰り道、たまたま顔見知りの人と帰る方向が一緒になってしまうのはよくあること。今後も親交を深めていきたい相手や楽しく会話できる方なら問題はありませんが、中には「一人のほうがまし」と思ってしまう相手もいるでしょう。

気づかないふりをすることもできますが、それもどことなく気まずいものです。「見て見ぬふり」以外で、もっとスマートな対応ができればいいですよね。

私のおすすめは、「あなたを待たせてしまうと悪いので」という気遣いのスタンスで別行動する旨を伝えること。

すみません、一本電話を入れてから行きますので、お先にどうぞ。

と言われたら、顔見知り程度の関係なら「待っていますよ」とはならないはず。
狙い通り、「そうですか、ではお先に。今日はありがとうございました」と先に行ってくれるでしょう。

ただ、ひとつ注意したいことがあります。
それは**共有できてしまう理由は使わない**ということ。たとえば、次のような理由だとどうなるでしょうか？

〇〇駅までですか？

ええ。

同じ方向ですね。

ちょっとコンビニに寄っていきますので……。

あ、私も飲み物買いたいのでご一緒します！

こうなると、回避するどころか気まずい時間がさらに増えてしまう可能性があります。その点、メールや電話、誰かと待ち合わせなどは、相手と共有できない理由になるため、言われた側も「ではお先に」となりやすいのです。

では、身動きがとれない電車の中で会ってしまったときはどうすればよいでしょうか？

ここでは、前項でお伝えした**「歓迎」と「牽制」**の戦略を使います。

「あ、こんばんは。お疲れさまです」など（歓迎）＋「メールを何本か入れなければならないので」「今日中に仕上げなければならない○○があるので」と、スマホやパソコンの作業を理由にして、十分に会話ができない状態だということを伝えておきましょう（牽制）。

ちなみに、定番ですが去り際にこんなひと言を付け加えると、あなたの好感度が上がります。

お会いできてよかったです。また機会がありましたらよろしくお願いいたします。

イヤイヤご一緒しているという空気が伝わると、相手に不快感や罪悪感を与えてしまいます。**相手を傷つけないのが第一です。**

「共有できない理由」を使って自然と距離を置く、そんな「ずるい」選択をしたいものです。

相手も納得するワケ

「待たせたくない」という気遣いが伝われば、拒絶された気にならない。

30

「何食べたい？」の返答は「自分の好み」＋「選択肢」

目上の人からランチやディナーに誘われたとき、「食べたいものある？」「今日何が食べたい？」と聞かれることも多いでしょう。

意外と困るこの質問。遠慮や相手に合わせたいという気遣いから「なんでもいいです」と答えてしまっていませんか？

気持ちは理解できますが、「好きなものを食べさせてあげたい」と思う相手の好意にはそぐわない返事とも言えます。

なにより、自分の意見を持たない魅力のない人、という印象を与えてしまうこともあるので、あまり使ってほしくないセリフです。

お昼はパスタだったので、和食か中華はどうでしょう？

さっぱり系がいいです。〇〇か△△に行ってみませんか？

などと、**相手の好みや苦手なものに留意しつつ、ジャンルやお店を提案する**のが理想です。

その際、**1つだけでなく2〜3つ挙げる**のがコツ。

複数の選択肢があると、相手もその中から選ぶことができるので、押し付け感がありません。「一応聞いてはみたものの、そこかあ……」とガッカリされてしまう事態も避けられますね。

ほかに、こんな返しも上手な対応です。

焼肉か、あと、先日課長が美味しかったとおっしゃっていたイタリアンはいかがですか？

選択肢を絞りつつ、**以前あなたが話した内容をちゃんと覚えていますよ、というアピールにもなる**ため、気の利いた答え方と言えます。

相手も納得するワケ

「なんでもいい」が困るのはビジネスシーンもプライベートも同じ。選択肢を絞りやすい具体的な提案は非常に助かる。

31

褒め言葉への返しは「お礼」＋「相手を立てる」

持ち物や服装、髪型、仕事の成果や性格などを褒めてもらったとき、あなたは普段どのように返していますか？

日本人の性質や文化として、「いえいえとんでもない！」「私なんか全然」「いや〜、これ安物ですよ」など、つい謙遜表現をしてしまう方も多いでしょう。

ただ昨今では、「褒めてもらったら否定や謙遜はせずにお礼を言うべき」という風潮が広まっています。

これは、ビジネスシーンでも同じ。

今日のプレゼン、よかったよ。

本当ですか！　ありがとうございます。

○○の資料、非常によくできていましたね。

ありがとうございます。そういっていただけて安心しました。

このように、お褒めの言葉をいただいたときは素直に嬉しい気持ちを返しましょう。そのほうが相手にとっては褒め甲斐があるはずです。

ただし、受け取り方は人それぞれですから、毎回「ありがとうございます」だけでは、謙遜心が足りないと思う人がいるかもしれません。

そこで、私のおすすめは感謝と尊敬の意を同時に伝えること。「**お礼＋相手を立てる言葉を添える**」戦略です。

ありがとうございます！　部長にそう言っていただけると励みになります。

先輩がそう思ってくださるとは感激です。

緊張していたので○○さんのお言葉にホッとしました。

などなど。

これなら、褒めていただいた喜びや感謝だけでなく、相手へのリスペクトの気持ちもしっかり表せます。

相手にも喜んでもらえて、あなたの好感度も上がる一石二鳥の賢い返し方です。

相手に喜ばれるワケ

相手を褒めたはずなのに、逆に自分自身も褒められたようで、まんざらでもない。

32

「頑張れ」よりも「応援」する

大事なプレゼンを控えて緊張している部下に。営業交渉に出かける直属の上司に。大切な資格試験を前にした同僚に。また、悩みを打ち明けてくれた相手に……。もしあなたが言葉をかけるとしたら？

もっとも多く使われるのは、おそらく「頑張って」ではないでしょうか。

しかし、じつはこのセリフ、意外にもあなたの応援したい気持ちが伝わりにくい言葉でもあるのです。

また決まり文句として日常にありふれた言葉なので、単なる社交辞令と取られてしまいがちでもあり、言い方によっては突き放したように感じさせてしまうこともあります。

そこで私のおすすめは、

お力を出し切れるように応援しております。

ご成功をお祈りしていますね。

などの表現。

ほかに、「うまくいくと私も嬉しいです」も相手に寄り添う言葉です。

「頑張る」のは相手ですが、「応援」や「祈る」は自分がしてあげられること。

ゆえに、「頑張って」は他人事で、親身になってくれていないと捉えられることがあるわけです。

一方、例に挙げたようなセリフは「自分もあなたとともに案じていますよ」「私にできることをしてさしあげたい」という思いやりの気持ちが含まれます。

つまり〝あなたの味方〟ということや、「共感」を示すことができるのです。

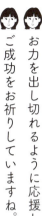

また、ここで注意していただきたいNGセリフがもうひとつ。

こちらもよく言いがちな「陰ながら応援しています」という決まり文句がありますが、この「陰ながら」というひと言は、私は不要だと考えています。

本人は謙遜の意味で口にしている言葉なのですが、これもまた意に反して「他人事」というニュアンスを含んでしまいます。

「陰」ではなく堂々と応援してもらえたほうがありがたいはずですよね。

それならば、ダイレクトに「応援してます！」だけのほうが、あなたの気持ちが伝わりますよ。

相手も納得するワケ

自分がナーバスになっているとき、悩みを「自分ごと」にしてくれる人がいると心強い。

第4章

さりげなく好感度を上げるずるい「ふるまい」

33 出社するときは「時間」よりも「アイコンタクト」で印象づける

直属の上司の出社時間が早くて困る、という話を耳にします。

自分は定時に着いているので問題はないとしても、出社したときに、すでに仕事にとりかかっている上司の姿が目に入るのは、なぜか後ろめたいような気分になる……というのもうなずけます。

職場によっては、「部下は上司より早く来る」という考えが未だにあるようです。そのようなオフィスでは、なんとなく気まずくて上司のほうを見られず、挨拶も小声になってしまうかもしれませんね。

しかし、あなたはきちんと定時に出社しているのですから、後ろめたく思う必要はありません。

ここであなたがすべきことは、**上司にしっかりとアイコンタクトをとり、「課長、おはようございます！」とさわやかに挨拶なさること**。不要な罪悪感を抱えて中途半端な挨拶しかできない姿より、ずっと好感度が上がります。

ごく当たり前のことと思うかもしれませんが、じつは、挨拶をするときにアイコンタクトができない人が意外と多いという事実があります。

つまり、**きちんとアイコンタクトをとれるというだけで、周りと差をつけることができる**のです。

相手に喜ばれるワケ

目を見て挨拶をしてくれると、好意やリスペクトを感じられる。

34

挨拶は「ソ」の音、本題はやや低めに落とす

相手の耳に心地よく、さわやかに響く「音」があるのをご存じでしょうか。

これは**「ソ」の音**と言われており、接客や接遇などの研修でもよく使われます。

「はじめまして」「おはようございます」「こんにちは」「いらっしゃいませ」などなど、実際に発声してみるとわかるのですが、おそらく「ソ」の音は普段のご自身の声のトーンより若干高く感じられると思います。

私のスクールの生徒さんたちも、たいていそのような感想をおっしゃいます。

まずは、この万人受けすると言われている「ソ」の音を使って、明るくさわやかな挨拶を意識してみましょう。

さて、挨拶がすんだあと、打ち合わせや商談、プレゼンにもこのトーンを守るべきでしょうか。

じつは、少々高めに感じられる「ソ」の音はビジネス会話には向かないのです。やや落ち着きのない、信頼感が下がってしまう印象になります。

そこで、**挨拶のあとはご自身の地声と違和感のない程度で「ファ」や「ミ」の音に落としていく**ようにしてみてください。

場面に応じて音階を使い分けることで、「この人の話は聞きやすいな」と感じてもらえます。その結果、商談にも耳を傾けてもらいやすくなりますよ。

相手に喜ばれるワケ

耳に心地よいトーンで話してくれると説明も聞きやすい。

35

会議室のドアを開けた瞬間に好印象を獲得する

こちらもアイコンタクトについてのお話しです。

1対1なら平気なのに、相手が複数になると途端に委縮してしまってどうしても目を合わせられない、自分から話ができないという訴えは、私のスクールの生徒さんからもたくさん受けます。

たとえば、会議室のドアを開けたとき。

すでに複数の人が着席していると、いっせいに視線を浴びるのが気恥ずかしいのか、下を向いたまま「失礼します」と入室される方が意外と多いのです。

これでは、自信のなさやコミュニケーション能力の低さを自ら露呈《ろてい》しているようなもの!

顔をろくに見ずに挨拶されたときの不快な経験は誰しもあるでしょう。この態度は本人が思っている以上によそよそしく、相手を残念な気持ちにさせてしまいます。

部屋の中に誰がいようと、まずはしっかり顔を上げて入室してください。そして、**このときできるだけ全員と目が合うように挨拶**をします。

複数の人がいる中で「自分と」目を合わせて挨拶をしてくれるということは、相手にとって少なからず「特別感」になります。

ドアを開けた瞬間が、その会議でのあなたの第一印象です。

目線をきちんと相手に向けることによって「誠実で礼儀正しい人」という印象を与えられれば、相手側も好意的になってくれます。その後の会議にもよい影響があるかもしれません。

逆に言うと、最初に「なんか感じ悪いな」と思われて第一印象がマイナスになってしまえば、その後あなたの信用を取り戻すハードルは一気に上がります。

「ドアを開けたらアイコンタクトで挨拶」。シンプルですが、この一瞬の機会を逃すと絶対に損をします。

これは就活などの面接場面でも言えることですので、必ず意識するようにしてくださいね。

相手も納得するワケ

用意してきた見せかけの言葉より、「自分の目を見てくれた」ほうがずっと好意が伝わる。

36

プレゼンをするときは、目線を「味方」に合わせる

私は、プレゼンを控えて緊張なさっている生徒さんたちに対し「**早い段階で味方を見つけてください**」とお伝えしています。

ここでいう味方とは、**あなたのほうをちゃんと見てくれている方、話を聞きながらうなずいてくれる方**のことです。

おそらく、聞き手の中にはほとんど顔を上げない方や、仏頂面の方もいるでしょう。プレゼン中にそういった方を意識してしまうと、「興味ないんだ」「つまらないのかな」と自信を失い、その後も本領が発揮できなくなる可能性があります。

その点、好意的な態度で聞いてくれている人物がいれば、その方を中心に視線を向けていくだけでも気持ちが楽になるはずです。

さて、ここまでは基本編。本書では、あえてこの「逆」をするという、より戦略的な考え方もお伝えさせていただきます。

それは、好意的には見えなくとも、**会場内のキーパーソンを中心に視線を向ける**という選択です。

決定権のある方や役職が高い方を事前にリサーチしておいてもよいですし、不明の場合は見た目や年齢や態度で的を絞ります。

これは、**「私はあなたに向けて話したいです」という尊敬の念を表すため。**

プレゼン中、ほとんどこちらを見てくれない方ほど、顔を上げたその一瞬にバチっと目が合ったときの効果は大きくなります。

かなり勇気が要る行動ではありますが、「絶対にこの人をうなずかせてみせる！」と攻めの気持ちが芽生えれば、より説得力のあるプレゼンになるかもしれません。

さて、多数の前で話すときは「S字」（または「Z字」）を意識するのが基本。つまり、会場の四隅に「S字」を描くように順番に視線を動かすことで、全体を見ながら話しているように見えるのです。

この基本を踏まえつつ、狙った相手に視線を送ることを意識してみてください。

相手に喜ばれるワケ

大勢いる会場の中で自分と目が合うことは、やっぱり「特別感」になる。

37 距離を縮めたいなら「座る位置」と「頼むもの」を意識

上司と部下の面談や初対面の方との打ち合わせなど、お互いちょっと緊張する場面において、相手に心を開いてもらいやすくなる方法があります。

「ラポール」と呼ばれる、コーチングの手法のひとつとしても知られているノウハウです。

【座る位置】

会議室や応接室、カフェなどでは、向かい合う形で座るのが一般的でしょう。ただ、面と向かってしまうと頻繁に目が合いやすく、慣れない同士ですとどうしても緊張しがちです。

そこで、**テーブルの角を挟んだ位置に座る**のがおすすめ。

必要なときだけしっかり目が合わせられるので、向かい合うより各段に話しやすくなります。

もしくは、**斜め前に座る**のもOK。ほどよい距離がとれるので緊張がほぐれます。仕事終わりにバーなどに行くなら、**横並びに座るカウンター席**も有効です。

つまり、お互い顔が見え過ぎない位置を選ぶのがポイントです。

【オーダーするとき】

飲み物などを注文する際は、まず相手に「何になさいますか？」と尋ねてください。

返事をもらったら「私も同じものを」とオーダーするのです。

たったこれだけのことですが、「自分の好みと同じ」「一緒のものを頼んだ」という事実が好意を感じさせ、思いのほか2人の距離をグッと近づけてくれます。

どんな相手であってもオールマイティに使える、じつに簡単な魔法の言葉です。

【名前を呼ぶ】

会話の中に、できるだけたくさん相手の名前を入れるようにしてください。

○○さん、おはようございます。

□□様、どうぞお掛けください。

△△さん、今日はお忙しいところありがとうございます。

といった具合です。

簡単なことですが、人は自分の名前を口に出してもらえると相手に対して親近感を覚えるものです。初対面なら、名前を覚えてくれた嬉しさも加わります。

これはビジネスのみならず、婚活や交友関係などプライベートなシーンであっても同様です。

より距離を縮めたい相手がいたら、ぜひ実践してその効果を体感してください。

相手に喜ばれるワケ

相手も緊張するのは同じ。あなたの行動で「好意」が伝われば、安心して会話ができる。

38

気まずい沈黙には「鏡の法則」で対応する

打ち合わせなどのシーンでは、お互いのタイプによっては話や空気感が噛み合わず、うまくコミュニケーションがとれずに困ってしまうこともあるでしょう。

たとえば寡黙《かもく》で口下手なタイプの方など、会話が続かずに途方に暮れた経験はありませんか？

気まずいなりに懸命に話題を探して投げかけているのに、暖簾《のれん》に腕押し。なんとか距離を縮めたい、場を温めたいと思っていても、「ええ」「そうですね」などあとに繋がらないリアクションばかり。この空気、一体どうしたものか……。

このようなときこそ**「鏡の法則」**の出番です。

人は、態度や会話のリズムが自分と近く、違和感のない相手に対して心地よいと感じるもの。これは手の位置や座り姿勢、表情なども含みます。

ですから、静かな人にはこちらも静かモードで対応してみましょう。

口数が少ない人や話下手な人からすると、場を和ませるための気遣いとわかってはいても、矢継ぎ早な質問は居心地がよいものではありません。

無理して必死に話しかけるより、むしろ「沈黙を恐れない」落ち着いた応対のほうがありがたく感じてくれます。

会話のラリーを続けることだけが正解ではありません。

もし「口数が少ない人だな」と思ったら、相手に合わせてあえて静かな時間を作ってみるのも、相手への思いやりになるのです。

また、この「鏡の法則」は、アイコンタクトの頻度にも応用することができます。

つまり、**相手によってアイコンタクトをとるパーセンテージを変えていく**、ということです。

たとえば、相手があまりこちらを見ずに話をする方であったり、目線をそらしがちでシャイな方である場合、無理に目を合わせようとするのは得策ではありません。

こちら側がアイコンタクトの頻度を高めてしまうと圧迫感を与えることになり、相手にとっては非常に居心地が悪くなります。

逆に、しっかりと瞳を見つめて話をされる相手に対しては、こちらが目線をそらしてばかりいると大きな違和感となり、失礼なふるまいになってしまいます。

まずは会話の序盤で相手がどのようなタイプなのかを探ってみてください。そのうえで、自身のアイコンタクトの度合いを相手と同程度に合わせます。

なお、**ちょっと攻めたい商談や、デキるビジネスパーソンに見られたいときは、相手よりやや多めのアイコンタクトが効果的。**

使いどころも賢く計算して、「こちらでよろしいでしょうか？」と確認する際や「はい、お任せください！」と、決めのひと言を言う場面では、バチッ！　と相手の瞳を見つめましょう。

相手に喜ばれるワケ

会話がなくても、「なんだか落ち着く」感覚があると心を聞きやすい。

39

同じ相づちは5回連続して使わない

相づちといえば、「はい」「うん」「へえ」「はいはい」「そうなんだー」「なるほど」「確かに！」などがあります。

ビジネスシーンで使うものとしては「はい」「ええ」「そうですか」などが妥当であり、「そうなんですね」「なるほど」「確かに」は、少々砕けたイメージになります。

そう考えると、フォーマルな場面で使える相づちのバリエーションは意外とないということに気づかれるでしょう。

では、少ない相づちで「あなたの話を興味深く聞いていますよ」とアピールできて、かつ相手を話しやすくする方法はあるのでしょうか。

じつは、たとえ「はい」「ええ」「そうですか」の3パターンしか持ち合わせていなくとも、ちゃんと術はあります。

ポイントは、**同じ相づちを5回連続して使わない**こと。

話し手にとって、相手が興味を持って聞いてくれているかは気になるものです。始終「はい」だけでは、「興味がなさそう」「適当に聞き流しているのではないか？」と相手を不安にさせてしまいます。

そこで、ひとつの相づちを3〜4回使ったら別の相づちに変えるなど、たった3種類の相づちであっても賢く計算して使い回すようにしてみます。

「今『はい』を4回続けて言ってしまったので、そろそろ『ええ』を挟もう」「次は『そうですか』を入れておこう」などと、意識的に使い分けるのです。

ほんのちょっとした変化ですが、なぜか相手がもっと話したくなる相づちになります。
ぜひ試してみてください。

相手に喜ばれるワケ

相づちが変わることで自分への興味が感じられ、もっと話したくなる。

Check

1対1のシーンで使える戦略

1対1の場面では、相手が自然と安心できる「位置」や「しぐさ」を押さえておくことで、相手に心を開いてもらいやすくなります。

☑ 目線
目を合わせる頻度は相手と同程度に。
☑ 飲み物
同じものを頼むのがおすすめ。
coffe
☑ 座る位置
正面ではなく、机の角を挟んだ位置に座ります。
☑ しぐさ
手を組んだり肘をついたり、さりげなく相手の動きに合わせます。

40 敬語は「常に相手よりワンランク上」を使う

相手に使う敬語のランク選びは意外と難しいものです。

クライアントが硬い敬語を使っていたら、こちらもきちんとした敬語で話せばよいだけですが、目上の方がカジュアルに、ラフな言葉遣いで話しかけてくださる場合、どの程度の硬さでお話ししてよいものか迷ってしまいますね。

たとえば、次のやりとりを読んで、あなたはどのような印象を受けるでしょうか。

あー、どうもどうも。元気?

大変ご無沙汰しております。おかげさまで変わらず元気にしております。○○様もお元気そうでなによりでございます。

例のデータの件、どうなった？

お待たせいたしまして誠に申し訳ございません。明日午後には○○様へお送りさせていただけるかと存じます。

そう、よろしくね。

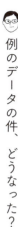

はい、承知いたしました。大変お待たせしてしまいご迷惑をおかけしております。何とぞよろしくお願い申し上げます。

非常に丁寧ではあるのですが、慇《いん》懃《ぎん》無《ぶ》礼《れい》な印象を与えてしまう恐れもありますね。

とはいえ、相手と同じように敬語を使わずに話すわけにはいきません。

「どこまで落としてもいいですか？」という質問は、私の会話術講座でも生徒さんたちに頻繁に聞かれます。敬語にはさまざまなランクや種類が存在するため、余計に塩梅が難しいわけです。

私が申し上げている結論は、**「常に相手よりワンランク上の敬語を使う」**ということ。

丁寧語を基本に、相手が使う敬語よりやや硬めの言葉を選んでいけば、決してよそよそしすぎることもなく、また、失礼にもあたりません。

あー、どうもどうも。元気？

こんにちは。はい、変わらず元気にしています。○○さんもお元気そうで！

例のデータの件、どうなった？

はい、明日午後にはお送りできるかと。

そう、よろしくね。

お待たせして申し訳ないです。よろしくお願いいたします。

このくらいであれば、相手を敬いつつ、ほどよく親しみやすさも感じられます。

カジュアルな言葉遣いをする方の中には、「相手をリラックスさせたい」「もっと気軽に話してほしい」という意図がある場合もあれば、「こちらがカジュアルな話し方であっても、目上である自分に対してはあくまでも敬意を持って話すべきだ」と考える方もいらっしゃいます。

いずれの場合も、相手より「やや硬め」の敬語で話しておけば、「あなたのほうが上ですよ」という意図が表せます。

日本語は、敬語の組み合わせによりランクを微妙に変えることが可能です。相手との会話のなかで都度、適切な言葉選びを考えられるのが「デキる人」です。

相手も納得するワケ

ほどよい距離感と優越感を感じられれば、違和感なく話しやすい。

41

丁寧な所作を見せるなら、まずは身内から

普段クライアントとの接し方に気をつけている方でも、身内である上司や先輩に対してはおろそかになりがち。

「ちょっと急いでいるから」と自分に言い訳し、「こちら確認お願いします!」と書類を上司に差し出した瞬間には、もう目線はおろか、あなたの身体は向きを変え歩き出している……。こんな粗雑で無礼なことをしていませんか?

身近な目上の人にほど、丁寧な所作であなたの評価を上げたいものです。

ここでは、上司に書類を渡すシーンを例にして説明します。

まず、あえて書類を自分側に向けて持ちます。そして書類に目線を落としましょう。

この所作を相手に見せる、ここがポイントです。これによって「上司に渡す前に一度自分で確認している」という丁寧さが伝わります。

そして書類を180度回して上司側に向けます。**この動作はあえてゆっくり行うこと。**さらに相手へのリスペクトが示せます。

書類を差し出す際は、賞状の授与のように深く頭を下げてお辞儀をする必要はありません。「こちらご確認をお願いします」などのひと言と、15度ほどの会釈で十分です。

ただし、ほかのシーンと同様に**必ずアイコンタクトは忘れないように**してくださいね。

この「ずるい」戦略には、とても印象深いエピソードがあります。

以前、ある女性受講者さんのプライベートレッスンをしたときのこと。職場の女性上司とうまくいっていないという相談を受け、この方法をお伝えしました。

すると、たった1回実践しただけで、今まで敵対視されていると感じ悩んでいた上司の態度がみるみる好意的に変わったのです！　その後2人が良好な関係になるまでに時間はかからず、いまでは大変かわいがってもらっているそうです。

大切な取引先の方には丁寧なふるまいを意識していても、身近な社内の人となると、ついつい粗雑な行動をとりがちです。

きっと、これはあなた以外の人も同じ。だからこそ、周りと差をつけられる絶好の場面になるのです。

いつも慌ただしく仕事をしている姿を見せているからこそ、このほんの何秒かの丁寧な所作が、相手には新鮮なギャップとして映ります。

あなたの評価を上げることにつながるので、ぜひ実践してみてください。

相手に喜ばれるワケ

忙しい中でもリスペクトを忘れない姿勢が嬉しい。思わず目を掛けたくなる。

42

上司に呼ばれたら、「位置」と「傾き」を意識する

「上司に呼ばれたら即座に返事をし、何はともあれ仕事の手を止め、できる限り急いで『はい、何でしょうか』と上司のデスクの前に立つ」。これが、従来ビジネスマナーの鉄則でした。

もちろん現在でも基本的な考えは変わらないものの、間が悪いときだってありますよね。やりかけの作業を無理やり中断して、後々やり直すことになってしまうようではよろしくありません。

そこでここでは、上司の呼びかけにすぐに対応できなくてもあなたの好感度が上がるポイントをお伝えします。

まずは**「はい」の返事は即座にする。**これはコミュニケーションの基本ですので遵守です。

このとき、**目線を上司に向ける**こともお忘れなく。たとえ一瞬であっても相手に目線を合わせられれば、あなたの好感度が下がることはないはずです。

そのうえで、「少々お待ちいただけますか」「急ぎのメールを一本送ったらすぐに参ります！」など、**状況説明の言葉をプラス**します。

その後、できるだけ早めに上司のデスクへ向かってください。

ただし、このときあなたが立つべき位置は、「正面」ではありません。

座っている人と立っている人の目線の位置はかなり差があります。あなたが上司の真正面に立ってしまうと、無意識に圧迫感を与えることになります。

だからと言って上司の席の真横に立つのは、距離感が計れない部下になってしまいます。

あなたが立つ位置は、上司の斜め前。

加えて「伺いの姿勢」である7度ほどの前傾をしつつ、「お待たせしました。なんでしょうか？」と指示を受けることができれば合格です。

たとえ即座に対応できなかったとしても、部下としてのあなたの評価は上がります。

相手も納得するワケ

返事がすぐに返ってくると安心する。「敬い」を感じる立ち位置と姿勢に、待たされたことも気にならない。

Check

上司への対応で使える戦略①

作成した資料などの確認をお願いする場面では、あえて所作を「ゆっくり」行うことがコツ。相手に丁寧さが伝わります。

☑ 目線

お渡しするときは
アイコンタクトを忘れずに。

☑ 持ち方

片手はＮＧ。
必ず両手で渡しましょう。

☑ 姿勢

15度ほど上体を傾け、
「お願いします」の言葉とともにお渡しします。

Check

上司への対応で使える戦略②

上司のデスクに向かうときは、「位置」と「傾き」がポイントになります。

☑ **立つ位置**

正面ではなく、
上司の斜め前に立ちましょう。

☑ **目線**

しっかりと上司の目を見て
指示を受けます。

☑ **持ち物**

ペンとメモ帳は話を聞く意欲を
感じさせます。

☑ **姿勢**

「伺いの姿勢」で7度ほど
上体を傾けます。

43

手土産を渡すときは「あなたにコレを贈りたい」を伝える

品物や手土産などをお渡しするときにも、相手の心をつかむコツがあります。

とくに取引先への手土産や、お世話になったお礼としてお中元やお歳暮をお贈りする際は、あなたの真心がしっかり伝わるよう、添える言葉がとても重要になってきます。

多くの方が使いがちですが、「こちらどうぞ」「よろしければ召し上がってください」といった言葉では、あなたがどういう思いでその品を選んだかがまったく伝わりません。

また、昨今では「つまらないものですが」や「お口に合うかどうか」といったネガティブ表現は好まれない傾向にもあります。

そこで、**「あなたの好みや喜ぶ顔を想像して選びました」という思いが明確に伝わる**

言葉を添えることを意識してみましょう。

以前、〇〇がお好きとお伺いしておりましたので。

地元の名産で人気なんです。ぜひ召し上がっていただきたいと思いまして。

今が旬で一番美味しく召し上がっていただけるようですので。

せっかくお渡しする手土産です。あなたの誠意や好意も一緒に受け取っていただける言葉選びをしたいものです。

なお、手土産の選び方については巻末レッスン（Ｐ１９０）にもまとめています。こちらもぜひ押さえておいてください。

相手に喜ばれるワケ

自分のことを思いながら選んでくれた、その背景が伝わると嬉しい。

44

カバンには敬意も愛情も伝わる心遣いアイテムを入れておく

私は外出時、もしもの不調に備えて絆創膏や胃腸薬、葛根湯をバッグに入れるようにしています。ただ実際には自分自身が使うというより、友人や仕事関係の方に差し上げることのほうが多い気がします。

さらに、お懐紙とポチ袋も。ちょっと現金をお渡ししたいとき、むき出しのままでは失礼なので、ポチ袋があると安心です。

お懐紙はお金を包むときにも使えますし、差し上げる品に一筆添えたいときや、電話番号などの情報を書き込んでお渡しするのにも役立ちます。

当然、お茶や食事をいただく際には、お懐紙本来の使い方ができます。

また、持参するのが当たり前なハンカチですが、1枚ではなく、どなたかお困りの人がいたときのために常に2枚いれておく、という素敵な考えの方もいらっしゃいます。

何を入れるかは人それぞれ。あなたが「サッと渡してもらえたら嬉しい」と思うものを普段からバッグに忍ばせておきましょう。

さりげない心遣いによって、感謝とともに相手から「気が利く人」「できる人」と認識してもらえるだけでなく、さらにはあなたの優しさや愛情も伝えられます。

ただし、薬類に関しては、決して押し付けにならないよう、まずは「○○を持っているのですが、もしご入用でしたらおっしゃってください」とお伝えだけして、相手の判断にまかせるようにします。

相手に喜ばれるワケ

さりげない心遣いから敬意や愛情が感じられると嬉しい。

Check

持ち物も戦略的に！
スキのないカバンの中身

必要なときにサッと出せたらスマートです。あなたの優しさをアピールできるものを普段から準備しておきましょう。イラストは一例です。

☑ 予備の名刺

予想＋5枚ほど用意しておきましょう。

☑ ハンカチ（2枚）

必要な人がいたときに、サッと未使用のハンカチが出せると素敵です。

☑ 安全ピン

衣類のほつれ、不具合などがあったときにあると助かります。

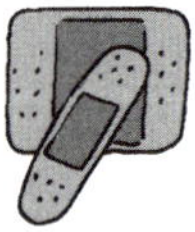

☑ 絆創膏（大小）

靴擦れや切り傷はつきもの。持ち歩く人は意外と少ないので重宝します。

☑ ポチ袋やお懐紙

現金やかさばらない小物をお渡しするときに使います。お懐紙に一筆書いて渡すと粋です。

☑ 薬類

腹痛や風邪の引き始めなどに使えるものがあると思いやりの気持ちが伝わります。

☑ その他

どんなものを入れるかは人それぞれ。あなたの思う「心遣い」を忍ばせましょう。

第5章

基本を賢く使いこなすずるい「マナー」

45

オンラインミーティングは「1分前入室」して「先に退出」する

Zoomなどのオンライン会議が日常になりました。

ただ、まだまだ正確なオンラインマナーが定まっておらず、企業によって、あるいは業界によって、「これが正解なのだろうか？」と案じながらもなんとなく慣例化してきているようです。

通常、ビジネスシーンでの他社訪問の際は、アポイント時間の2〜3分から数分前に訪ねるというのが基本マナーです。

新人研修などで、「ジャストの時間では遅刻とみなされますよ」と教わった方も少なくないでしょう。

オンライン会議への入室の際も、初期の頃はその作法を遵守する人が多かった気がいたします。

しかし、年月を重ねていくに連れて、ホストが時間ピッタリに入室許可を出すことも多く、オンライン上では「5分前集合」的な暗黙のルールはなくなってきている印象です。

もし予定時刻より早く入り過ぎてしまうと、ほかのメンバーが集まるまで話題を作らなければならず、お互いに負担に感じることもありますよね。

そこで私が提案したいのは、**「開始時間の1分前に入室する」**。

業界や相手企業、自社の凡例に従いながらも「やや早めに」といった考えでしたら、あなたの評価が上がることはあっても下がることはありません。

では、退室のタイミングは？

打ち合わせが終わり挨拶もすんだのに、誰もが遠慮しあってなかなか接続を切れない時間はじつに無駄。

明確なルールもないため、とくに自身の立場が下になる場合は、クライアントや上司が退室したあとでないと切るのは無礼なのでは？　と考える方もいるようです。
でも、やたらと「ありがとうございました」「失礼いたします」を連呼したり、お辞儀を繰り返したり、とお互いにスッキリしないのが本音ではないでしょうか。

というわけで、「諏内式」のルールを決めてしまいましょう！

本日はご多忙の中お集まりいただきありがとうございました。これにてミーティングを終了といたしますので、こちらから締めさせていただきます。ありがとうございました。

と**ホスト側が明確に終了の意思を告げ、3秒後に切る。**
これでほかの方々が不要な気を遣うこともなく画面が閉じられます。
もしホストがなかなか切らない場合は、「次のミーティングがあるので失礼いたします」や「では、退室させていただきます」＋「ありがとうございました」と敬意を示しつつ堂々と退室の旨をお伝えすれば、先に退室してしまっても失礼にはなりません。いつまでも様子をうかがっているよりも、むしろ〝スマートでデキるビジネスパーソン〟という印象を与えられます。

相手に喜ばれるワケ

曖昧なルールに悩んでいるのは相手も同じ。そんなときに毅然と、礼儀正しく「一番困らない方法」を選んでくれると助かる。

46

名刺交換はどんなときでも「自分から」

名刺交換のマナーは、ビジネスマナーの基本中の基本として社会人1年生で教わった人も多いでしょう。

差し出す順番は、役職、年齢から判断することはもちろん、訪問する側とされる側など双方の立場をトータルで判断し、総合的に自分のほうが下と考えた場合は、相手よりも先に出すことが礼儀とされています。

また、相手の名刺より下の位置に差し出す、と学んだ方も多いのではないでしょうか。

これらを守ることは、ビジネスマナー上もちろん必要です。

ですが、今回お伝えしたいのはもう一歩先のこと。あなたが役職が高かろうが、年齢的に上であろうが、訪問を受ける側であろうが、関係ありません。

とにかく、**どんなときでも「自分から先に差し出す」**ことをおすすめします。

あなたが相手より下の立場であれば、もちろんセオリー通りなので間違いないですし、逆に立場が上だった場合には、「いい人だな」と感じてもらえます。

つまり、どちらの立場であっても好感のもたれるふるまい方なのです。


なお、名刺を差し出す高さについてですが、相手よりほんの少し控え目な位置にお出しする程度で十分です。

もし相手がこちらより下に下げてきたら？　負けじとさらに下の位置を争うのは滑稽《こっけい》ですのでお控えくださいね。

そのようなときは、**相手と同じ高さで交換**してください。スマートで失礼にもあたりませんし、「つまらない上下争いはしない」という品格も感じさせます。


ところで、咄嗟《とっさ》のご挨拶のときなどに、すぐに名刺が見つからないこともあるでしょう。名刺を用意して待っている相手が視界に入れば、なおも焦りを感じて見つかるものも見つかりません。

このような場合、**相手をお待たせするのは十秒ほどがリミット**。

名刺がなくても挨拶はできるはず。「あれ？　あれ？」と情けない姿を相手に見せ続けるのはスマートではありませんし、「この人、大丈夫かな……」と不安にさせてしまいます。いったん捜すのは諦めて、

ご挨拶させていただきます。○○社、△△と申します。お世話になります。恐れ入ります、名刺はのちほど……。

と申し上げ、相手の名刺を丁寧に受け取ります。まずは堂々とご挨拶しましょう。

相手も納得するワケ

ビジネスマナーにとらわれすぎているより、状況によって切り替えられる人のほうが信頼できる。

お世話になります！
名刺はのちほど！

47

エレベーターのお見送りはネタの「お取り置き」でスマートに

会議や打ち合わせが終わり、お客様をエレベーターホールまで見送るとき。必ず浮上するお悩みが、以下の３つです。

１「エレベーターホールに向かう廊下での話題作りに苦戦する」
２「エレベーターがなかなか来ないときの沈黙が気まずすぎる」
３「エレベーターに乗ってからドアが閉まるまでの時間が居たたまれない」

もう何年もの間、みなさんから同じお悩みを訴えられますが、この状況を回避するのは、じつはとても簡単なのです。

あなたが**頑張るべきポイントは、エレベーターホールに向かうまでの間よりも、エレベーターホールに着いてから**です。

それまでは、話題を「**お取り置き**」しておきましょう。

多くの方はエレベーターホールへ向かう途中で話題を使い果たしてしまっているので、エレベーター待ちの時間が思ったよりも長いと、「どうしよう。もう話すことがない……」と焦ってしまうのです。

でも、ホールへの移動中は「歩く」という動作があります。エレベーターをじっと待っている場面に比べると、無理に会話を続けなくてもそれほど支障がありません。

もっとも気まずい時間は、ホールに着いてからエレベーターの到着を待つ時間と、乗り込んでからドアが閉まるまでの時間なのですから。

エレベーターホールに着いたら、引き出しにしまっておいた話題をここぞとばかりに使います。

部長の〇〇様にもどうぞよろしくお伝えください。

夕方からお天気が崩れるようですが、このあとはどちらへ？

先ほどの件は、確認後にメールにてご連絡させていただきます。

などなど、とにかくまだ出し切っていない話題を振ります。

ただ、お客様がエレベーターに乗り込んだとしても、不運なことになかなかエレベーターのドアが閉まらないときもありますよね。

そこでみなさんが安易に用いてしまうのが、お辞儀です。「もうかける言葉が見つからない！」「無言で目が合っていては気まずい」という非常事態には、この便利な所作で上手く繋ぎができると考えられているのです。

ところが、通常別れ際は30度程度のお辞儀で十分なはずなのに、この場面に限ってはエレベーターのドアを境に90度の最敬礼。ドアが閉まりきるまで双方頭を下げ続ける……。

このような光景を礼儀正しいと見るのか？　逆に滑稽と見るのか？　いずれにせよ、黙って長い間お辞儀をし続けることにお互い違和感をもつのは確かでしょう。

そこで、**話題は相手がエレベーターに乗り込んだあとまで最低2つは残しておく**のが「ずるい」戦略です。

ここで使うセリフはシンプルなものでOK。「では、明日までに○○をお送りいたします」「お暑いのでお気をつけて」「本日はお足元の悪い中ありがとうございました」「次回の打ち合わせもどうぞよろしくお願いいたします」などの簡潔な言葉を添えて、いよいよドアが閉まり始めたタイミングに合わせて通常の30度のお辞儀をすれば、スマートなお見送りの完成です。

相手に喜ばれるワケ

見送られるときの気まずい時間は、相手にとってもなるべく短いほうがいい。

48

席次に悩んだら、迷っている理由をそのまま伝える

上司やクライアントなど、目上の方とお食事をするとき。どちらの席にご案内したらよいか迷うことがあります。

基本的な上座下座は心得ていても、いえ、それだからこそ悩んでしまうのかもしれません。

たとえば、通路側だけど窓から美しい景色がよく見える席。上座ではあるけれど後ろの席の方と近くて窮屈そう。エアコンの風が強く当たる席。お化粧室が近い。

このような場合、「このレイアウトだと、一体どちらをすすめたら……？」と瞬時には答えが出ないこともあるでしょう。

そんなときは、**迷っていることをそのままお伝えしてしまえばよいのです**！

本来奥側をおすすめすべきですが、桜が綺麗にご覧になれますのでこちらのお席はいかがですか？

上座にお座りいただきたいのですが、こちらの椅子のほうがゆったりとお掛けいただけそうです。どちらがよろしいですか？

など、迷っている理由を素直にお話しします。

そのうえで、**「お伺い」の形をとり目上の方にご自身で選んでいただく**のが最も間違いのない方法です。

相手への敬意に加え、あなたのマナー知識と心遣いも示すことができます。

相手も納得するワケ

席の変更は自分からは言い出しにくいので、臨機応変に聞いてもらえるほうがありがたい。

49

お礼の伝え方は「セオリー」重視で

食事をごちそうになったとき、相手へのお礼は次の順で伝えるのがマナーとされています。

1. ごちそうになった時点（口頭）
2. 別れ際（口頭）
3. 帰宅途中 or 帰宅後（メール、ＬＩＮＥ等）
4. 翌日以降に会った際（口頭）

ただ、昨今では「お店でちゃんとお礼を言ってるんだから、そのあとに二度も三度もお礼を繰り返すなんて無駄なことは理解できない」という考えの方も増えてきているようです。

それでも、私はあえて**「お礼は4回」**とお伝えしたいと思います。

ビジネスシーンには、さまざまな年齢や価値観の方がいます。

「お礼は何度でも」と考える人であれば、その場の1回だけの「ありがとうございます。ごちそうさまでした」だけでは「マナーがなっていない」と思われてしまうかもしれません。

逆に、「お礼は当日だけでいいでしょ」と考える相手だとしても、感謝の気持ちをたくさん伝えるほど、新鮮で、礼儀正しい印象を与えることができます。

お礼を言われることは相手にとって嬉しいことのはず。つまり、どちらの場合でも、その場だけですませてしまうのはもったいないのです！

ごちそうした側は「美味しかっただろうか？」「喜んでくれただろうか？」と多少な

りとも気になっています。

むしろ、ごちそうされた側より、ごちそうした側のほうが後々まで覚えているといってもよいでしょう。

そのようなとき、翌日以降も改めて感謝の気持ちを伝えてもらえたらやはり嬉しいもの。

「自分がどう考えるか」ではなく、「相手に喜んでもらえるのはどちらか」を判断基準にすることが大切です。

お礼はあなたの人柄を示せます。賢くお伝えしましょう。

相手に喜ばれるワケ

お礼は何度言われても悪い気はしない。

50

隠せないなら先に言ったもん勝ち

お昼に食べた担々麺の汁がYシャツに飛んでシミになってしまった！

「ま、いいか！」と穴の開いた靴下を履いてきたら、接待のお店がお座敷だった！

ストッキングが伝線しているのに替えられないまま打ち合わせの時間になってしまった！

なぜか大事なときに限って、こんなことが起こります。「神様、どうか◯◯さんに気づかれませんように……」と祈る思いになった経験は誰しもあるでしょう。

身だしなみに気を遣うのは社会人としての最低限のマナー。でも、やむを得ないときもあります。

隠しきれない可能性がある場合、私は「〝言ったもん勝ち〟ですよ」と伝えています。

見苦しくてすみません、ランチで食べた担々麺がついてしまいまして……。

こんなふうに、先に**自ら伝えてしまう**のです。

「見られてしまったかな」「なんとかごまかせているだろうか」と気になって、打ち合わせや会話に集中できないほうがよほどあなたにとってもデメリットとなります。

それに、相手の身だしなみについては、気づいてもなかなか口に出せないもの。見えてしまった以上、相手も「伝えてあげようか」「気づいてないふりをして黙っていようか」と、余計な気を遣わなければならなくなります。

つまり相手にとっても、あなたが自分から話題にしてくれると助かるのです。笑い話になれば、その場を和ませる効果も期待できます。

相手も納得するワケ

「気づかないふり」をするのは辛いので、自己申告してもらえるとかえって気が楽になる。

51

マナー通りにいかないときは、「不本意ながら」を伝える

挨拶は立ち上がってするのがマナー。階段などの高い位置から目上の人と話すのは失礼にあたる……など、大人として作法は守りたいものですが、シチュエーションによっては、どうしてもセオリー通りにはいかないこともあります。

そんな状況を逆手にとって〝できる人〟アピールをしてしまう術をお伝えします。

座ったままで失礼いたします。

高い所から申し訳ございません。

コートを着たままで失礼します。

と、相手に対し、ひと言お断りを入れてみてください。

せっかくビジネスマナーを心得ていても、言葉にしなければあなたのマナー知識やそれを守りたいという思い、そして尊敬や謙遜の気持ちは決して相手に伝わりません。

そこで、**「不本意ながら」という意図をまず伝える**こと。

「あなたを敬っていますが、今は状況的に困難なためやむを得ない」という思いをあえて言葉にすることによって、「この人、礼儀を知らないな」と思われたり、不愉快に感じさせてしまうことが避けられるのです。

ほかに「テーブル越しで失礼いたします」なども同様。

このひと言を添えるだけで、むしろ「ちゃんとした人」としてあなたの好感度も評価も上がります。

相手に喜ばれるワケ

単なる無礼な人ではなく、マナーの心得がある人とわかると安心する。

LESSON

知らないと恥をかく!? 基本マナーのおさらい

▼何事も「基本」を知らなければ「応用」はできません。「ずるいマナー」を自分のものにするためにも、今一度あなたのマナー知識を確認しておきましょう。

身だしなみのマナー

清潔であることはもちろん、見た目の清潔感も大事です。自宅を出る際、また会社から訪問先へ出向く際は、360度全身をチェックしてから出かける癖付けを。姿見で確認できればなおよいでしょう。

トータルバランスだけでなく、髪の寝ぐせや爪の長さ、靴のかかとの減りを始め、シャツに取れかけのボタンやシワ、シミがないかもしっかりチェックします。

訪問前のマナー

訪問のアポイントを取る際、日程をしっかり確認することは大前提。双方間違いや勘違いがないよう、「何日」「何曜日」「何時」など、できるだけ複数の情報を交えて確認します。また、当日は約束の時間より最低でも10分、交通機関の遅延等を考慮するとそれ以上の余裕をもって向かいます。

訪問のマナー

約束の時間ジャストでは遅刻とみなされることもあります。ビジネスマナーとしては、3分～5分前を目安に訪問するのが正解です。なお、早めに到着してしまったら時間を調整することも必要です。

受付を訪ねる際はもちろん、訪問先のビルのエントランスにモニター付きインターホンがある場合は、その時点でコート、帽子、マフラー、手袋は外し、身だしなみを整えてから呼び出します。

手土産のマナー

手土産をはじめ、お中元やお歳暮、お祝いなどを取引先や上司へお贈りする際には、以下のことに留意して選びます。

□**マナー違反・失礼にあたる物**

結婚祝い、引っ越し祝い、新居祝い、お見舞い、そして目上の方への贈り物など、贈っては失礼な品があります。用途に合わせて不適切でないかしっかり確認しましょう。

□**相手の好み**

可能な限りでよいので、ある程度はリサーチしてから購入しましょう。

□**健康状態**

お渡しする相手のアレルギーやドクターストップ、控えているものなど、できる範囲で把握しておきましょう。

□**家族構成**

ご自宅で召し上がっていただく場合、相手のご家族の人数や年齢層、お子さまの有無などを考慮したお品選びはとても喜ばれます。

□**個別包装**

会社などで配っていただきたいときは、切り分けの手間が不要になる個別包装のものを選ぶのが基本です。

□**冷蔵庫、冷凍庫の有無**

夏季のアイスクリームやゼリー類、要冷蔵の生ものなどは、保冷剤をつけてお持ちしたところで長時間の保管には適しません。すぐに召し上がっていただけるかわからないのであれば、要冷蔵のものは避けるか、冷蔵庫や冷凍庫の有無を確認してから選ぶのが賢明です。

□**購入店**

相手先のエリアや最寄駅近くでの購入は、「慌てて買った」「簡単に済ませた」という印象を与えかねないため好ましくありません。

可能ならネットで手に入る物か・支店はあるかなども事前に確認し、相手が簡単に入手できるものではない品を選びたいもの。相手にとって手に入れにくい、つまり珍しい品物はレア感と嬉しさが増します。

名刺交換のマナー

ビジネスシーンでは同時交換が一般的です。

①自身の名刺をいったん名刺入れの上に置く→②右手で相手に差し出す→③相手から差し出された名刺を左手で持った名刺入れの上で受ける。これが基本の流れになります。

「○○社、△△部の□□と申します。よろしくお願い申し上げます」などの言葉とともにお渡しし、「頂戴いたします」「ありがとうございます」と受け取ります。

なお、名刺交換は立って行うものですので、座ったままの交換はマナー違反。またテーブル越しでのお渡しも失礼にあたりますので、テーブルの脇に出てから行います。

ご案内のマナー

□基本のご案内

廊下、階段、エスカレーターなどの案内誘導の際は、相手の斜め前に位置します。

□エレベーターのご案内

1~2名であれば先にお乗りいただき、3名以上など多数の場合は、自身が先に乗り「開」ボタンを押しながら誘導するとスマートです。

席次のマナー

□会議室

出入口から遠い席が上席です。取引先やクライアント、上司などの主要人物におすすめします。逆に自社側の人や、社内会議において役職が低い人は出入口に近い側の席につきます。

□応接室

こちらも出入口から遠い側が上座、近い側が下座となります。また、長椅子と一人用肘掛け椅子の応接セットが設置されている場合は、長椅子が上座になります。お客様にはこちらにお座りいただき、下座である一人用の椅子には自社の者が座ります。

（出入口の近くに長椅子を設置するのはそもそもセッティングの誤りです。ご注

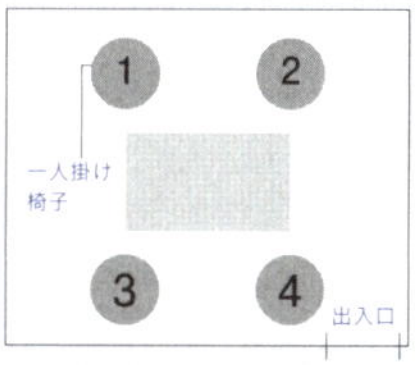

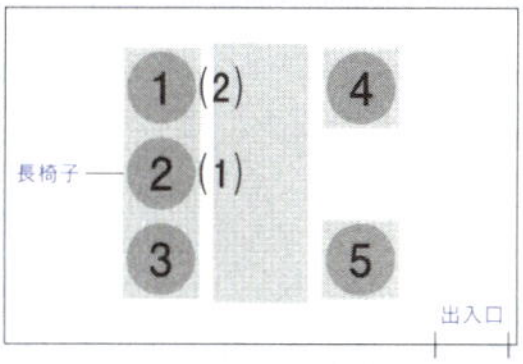

※（）の順になる場合もあります。

意《い》ください！）

□ **エレベーター**

操作盤の前でドアの開閉ボタンなどの操作をするのは、自社側や案内する人の役目です。この位置が下座になります。お客様や目上の方はエレベーターの奥側へ誘導します。

□ **会食の席**

和洋どちらの場合でも、出入口から遠い席が上座、出入口に近い席や通路側が下座です。

・**（フランス料理店やイタリア料理店などの）洋食のレストランの場合**

絵画や花瓶のお花、暖炉がある場所がもっともよい席とされています。接待や会食の際は、お客様や目上の方をそちらにご案内します。また、座り心地を考えて壁側のソファー席などをおすすめしましょう。

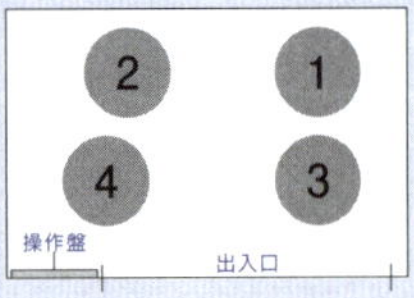

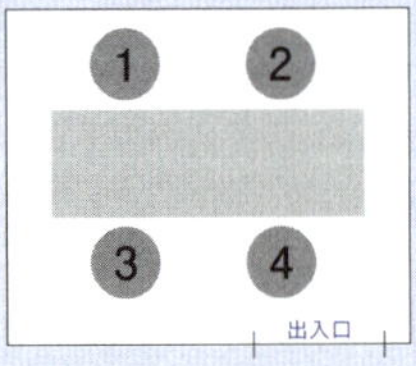

・**和食店のお座敷の場合**

出入口の位置のほか、床の間も確認します。掛け軸や花が施してある床の間に一番近い席が上座。対して、お店の方にお声がけしやすい出入口近くが下座となります。

□ 車

・**（タクシー、ハイヤーなど）運転手がいる場合**

上座から、①後部座席の運転席の後ろ、②後部座席の左側、③後部座席の中央、④助手席の順になります。

・**乗用車（社用車）などの場合**

社員が運転者となる場合は、タクシーなど運転手がいるときと席次が異なるので注意が必要です。①助手席、②後部座席の運転席の後ろ、③後部座席の左側、④後部座席の中央の順になります。

ただし、役職が非常に高い方など他の人と距離をとったほうが好ましい場合は、あえて後部座席をおすすめすることもあります。

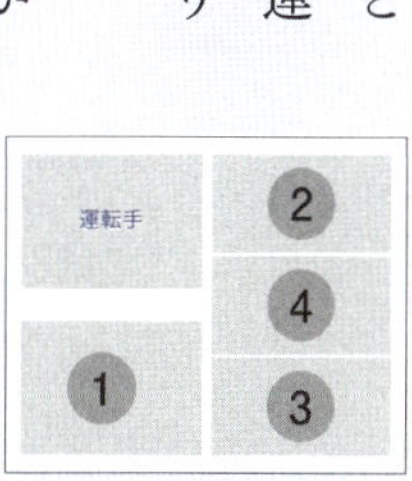

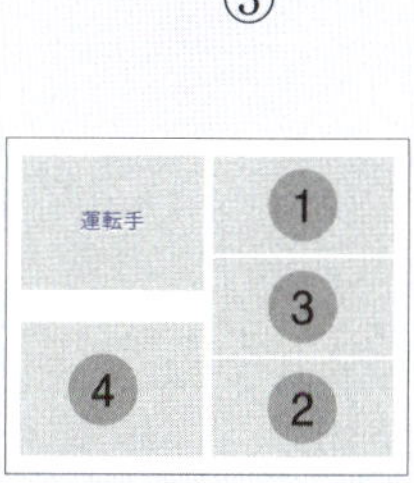

お辞儀のマナー

一般的に、ビジネスシーンでのお辞儀は、会釈、敬礼、最敬礼の3つに分けられます。

□「**会釈**」

上半身を15度程度傾けたお辞儀で、同僚や親しい関係の方との挨拶に適しています。

□「**敬礼（普通礼）**」

上半身を30度程傾けたお辞儀で、初対面での挨拶を始め、通常の挨拶シーンやお礼、お詫びの際などに広く使われます。

□「**最敬礼**」

上半身を45度程度傾けたお辞儀で、深い感謝やお詫びを表す際に行います。もちろん状況に応じて気持ちがこもった場合は、さらに深く傾けてもかまいません。

クレーム対応の流れ

不満や不安を抱えている方には、以下のことを押さえながら落ち着いて対処します。

①　相手の話は最後まで真摯な態度で聴く。
②　お困りの点への共感の気持ちを言葉で表す。
③　対応策を説明する。すぐに提示できない場合は、回答期日を明確に告げる。
④　自社側の不備が原因だった際は、心からのお詫びとできる限りの補償や代案を告げご納得いただく。

覚えておきたいクッション言葉

言いにくいことなどをお伝えする際に活用していただきたいのが「クッション言葉」です。最初に添えることで、相手への気遣いを表せます。

□クッション言葉の例

恐れ入りますが／お忙しいところ失礼いたします／お手数ですが／申し訳ありませんが／恐縮ですが／お差支えなければ／ご迷惑でなければ　など

なお、感謝か謝罪かが伝わりにくい「すみません」「すいません」の乱用はＮＧです。

おわりに

この度は、本書をお読みくださり誠にありがとうございました。

私がお伝えしたかった「ずるいマナー」の真髄がきっとご理解いただけたことと存じます。


恐らく、みなさんのお悩みや憂鬱、ストレスの原因のほとんどが人間関係であると想像します。

とくに職場においての上司や部下、同僚、取引先とのコミュニケーションがうまくいかないと、精神衛生上にも深刻な状況になってしまいます。

逆に言えば、人間関係が円滑であれば、みなさんの日々が、そして人生そのものが、どんなにストレスフルで居心地のよいものになるでしょうか！

本書でご紹介した「ずるいマナー」は、ビジネスシーンはもちろん、日常のプライベートシーンでもすぐにトライできるものがほとんど。相手も自身も得をする、そんな嬉しい場面をきっと体験できるはずです。

伝統的なマナーや作法を土台にしつつも、それを超え、形式や常識に縛られすぎない「型」をぜひ活用してみてください。

「ずるいマナー」は、周囲との関係をスムーズにしてくれ、信頼と感謝が集まる「武器」となります。今後のあなたの人生のおいて、揺るぎない自信と確かな安心感という素敵なギフトを受け取っていただければ幸いです。

最後に、この度、長きにわたり丁寧なチェックとアドバイスをいただきました編集者の中野様をはじめ、かんき出版のみなさまに心より感謝の意を伝えさせていただきます。


多くのみなさまが心地よく幸せな人間関係を築けますように。

諏内えみ

【著者紹介】

諏内　えみ（すない・えみ）

◉——“結果を出すスクール”として人気の「マナースクールEMI SUNAI」「親子・お受験作法教室」代表。

◉——マナーをはじめ、立ち居振る舞い、会話術、社交術を伝授。キャンセル待ちの出る「テーブルマナー講座」や「婚活戦略講座」「『育ちがいい人®』のふるまい・会話レッスン」が好評。「親子・お受験作法教室」では、第一志望合格率95％を実現。多くの有名校でのトップ合格を達成している。

◉——映画・ドラマでの女優のエレガント所作、男優のスマート所作指導にも定評がある。「世界一受けたい授業」「ぐるナイ」「王様のブランチ」「ホンマでっか！？TV」「あさイチ」などメディア出演や、国内外での講演実績多数。

◉——ベストセラー『「育ちがいい人」だけが知っていること』『もっと！「育ちがいい人」だけが知っていること』（ダイヤモンド社）他、『世界一美しい ふるまいとマナー』（高橋書店）、『「ふつうの人」を「品のいい人」に変える 一流の言いかえ』（光文社）、『大人の若見えを叶える しぐさとふるまい』（大和書房）、『知らないと損をする 男の礼儀作法』（SB新書）など著書多数。

・マナースクールEMI SUNAI　公式サイト
　https://emisunai.com/
・Instagram
　@emisunai
・YouTube「諏内えみチャンネル」
　https://www.youtube.com/@諏内えみチャンネル

我慢《がまん》しない、侮《あなど》らせない　ビジネスパーソンの処世術《しょせいじゅつ》
戦略《せんりゃく》としてのずるいマナー

2024年12月16日　第1刷発行

著　者——諏内　えみ
発行者——齊藤　龍男
発行所——株式会社かんき出版
東京都千代田区麹町4-1-4 西脇ビル　〒102-0083
電話　営業部：03(3262)8011㈹　編集部：03(3262)8012㈹
FAX　03(3234)4421　　振替　00100-2-62304
https://kanki-pub.co.jp/

印刷所——ベクトル印刷株式会社

 ISBN978-4-7612-7776-5 C0030